JN439581

# 나를 찾았다

윤만영 시선집

계간문예

## 일러두기

1. 본 시선집은 그동안 간행한 제1집 《계절의 길목》, 제2집 《가을이 들길을 가네》, 제3집 《더 쎈 놈이 왔다》, 제4집 《해바라기는 밤새워 동쪽으로 간다》에서 추린 것으로 배열은 간행 순이 아니고, 섞어 엮었으며 신작도 같은 방법이다.

2. 해설문은 새로 쓰지 않고 제1집 머리말을 주신 황명걸 시인과 제2집 해설을 해주신 정성수 시인, 제3집 평론을 해주신 구중서 박사님, 제4집 발문을 써주신 이삼헌 시인의 글을 옮겨 놓았다.

# 나를 찾았다

## | 시인의 말 |

늦은 나이에 겁 없이 뛰어든 게 잘못이지만
이제 와서 어쩌겠는가
물러서기엔 너무 늦었다
남아있는 세월이 많지 않기 때문이다

글재주가 요것뿐이지만 시선집 욕심은
버릴 수 없어
일을 저지르고 말았다

못났어도 내 자식인데 팔불출 소리 들어도
웃고 넘어가 주기만 바랄 뿐이다.
세수도 하고 손등에 때도 밀고 손톱도 깎고
얼굴에 분칠도 했다.

그저 독자들의 이해와
양해를 구할 따름이다.

여기까지 오는데 가족의 응원이 큰 힘이 되었고
컴맹인 애비를 헌신적으로 도와준 딸에게
고맙다는 말 남긴다.

2022년 가을 醉碧軒에서

峻峰 윤만영

■ 차례

## 제2부 흙 한 주먹 쥐어 봤으면

## 제3부 이력서

## 제4부 개가 월월月月 한다

## 제5부 개망초

# 제1부

# 대웅전 가는 길

# 세월 열차

한세상 살면서
욕심 없이 사는 사람 몇이나 될까마는
희로애락의 세월 열차는
내려야 할 정거장은 물론이요
내리실 때 잊으신 물건 없이
잘 챙기시라는 친절한 안내 방송도 없다

태평스럽게 즐기다가
남사스럽지 않을 만큼
몸뚱이 하나 가릴 옷 한 벌이면 족히 여기고
바람처럼 내려야 하는 것을

아무 짝에도 쓸모없는 승객들의 몫을
내 것인 양, 양 어깨에 짊어지고 다녔으니
얼마나 어리석었는가

# 가슴앓이

등도 굽고 허리도 굽어
지팡이 짚고 가는 노인

훈장이라 하기엔 눈물 나는
인생의 옹이

망아지들은 천방지축 뛰고
쓰레기통에 버려지는 것들
옛날엔 없어 못 먹고 못 쓰던 것들인데

노인은 말수가 잦아들고
눈은 흐려지고
새소리 듣지 못해도
노인은 안다
오늘도 분명 해가 뜨고 진다는 것을

# 터

산천이 두 눈에 가득하다
바람에 솔향 묻어나고
취벽헌[1)]에 쏟아지는 햇살
개울가에 푸른 그늘이 있어 좋다

평상에 앉아 풋고추 고추장 찍어 먹고
상추쌈 입 안 가득 담아
마주앉은 아내 얼굴 바라보니
웃음이 절로 난다

살다가 싫증나면 이사 가야지
해와 달과 별이 있는
더 높은 곳으로

---

1) 취벽헌醉碧軒 : 시인의 집

# 눈을 감아봐요

글이 안 될 땐
펜을 놓고 저기 산을 보시구려
산, 나무, 바람, 안개구름 그리고 하늘의 많은 별
그 속에 사는 것들
무슨 수로 다 쓴단 말이오
그냥 바라보는 편이 낫지요

그림이 안 될 땐
화필을 놓고 바깥을 보시구려
산, 나무, 바람, 안개구름 그리고 하늘의 많은 별
그 속에 사는 것들
꽃들의 향기까지
무슨 수로 다 그린단 말이오

그럴 땐 눈을 감아요
그러면 글도 그림도 보일 거요
세상 사는 법도 그 속에 있고요

# 아버지

1

1991년 10월 18일 오후 1시 5분
일흔아홉 해밖에 못 사시고
당신이 눈을 감으시던 그 시각
나는 검은 양복과 검은 넥타이 사러 시장에 가 있었습니다
바지 기장 길다고 키에 맞게 잘라내고
검은 양복 검은 넥타이 매고 폼 잡아보며
북적거리는 시장 바닥에 있었습니다
당신이 기다리고 계실 줄로만 알았으니까요
그런데 몸 맞춤이 채 끝나지 않았는데 전화를 받았습니다
당신이 눈을 감으셨다고
나는 울지 못했습니다
눈물이 나지 않았습니다
하늘만 바라보고 있었습니다
당신과 함께한 시간들만
주마등처럼 지나가고 있었습니다

수많은 시간이 쉴 새 없이 지나가고 있었습니다

당신의 구 남매 중 막내딸만
엎드려 통곡하고 있었습니다
두고 온 고향의 사 남매는 무슨 일이 일어났는지 모르고
다른 자식들은 배고파서 점심을 배불리 먹고 있었지요
당신이 눈을 감으시는 시각에 말입니다
그때부터 자식들은 분주히 움직이기 시작했습니다
삼일 안에 당신을 산으로 보내기 위해

음식 만들어 잔치를 벌였습니다
많은 손님이 와서 위로했지만
당신 자식들은 눈물을 흘리지 못했습니다
금방 삼 일이 지나버리고
서둘러 당신을 차에 싣고 길을 떠났습니다
해가 막 솟아오르는 시간이었습니다
하늘에는 목화송이 같은 뭉게구름이
여기저기 떠 있었습니다
하늘은 맑고 바람은 서늘할 만큼 불어 상쾌했습니다
당신을 실은 버스가 한강변에 들어서니
물안개가 아지랑이처럼 피어오르고
강물은 별같이 반짝였습니다

2

양수리를 지날 때는
팔당댐에 물이 가득했습니다
당신 곁에 앉아서도
나는 물만 바라보고 있었습니다
살아서 못 가시는 북녘 고향이 가고파
그렇게 급히 가셨나요?
남겨두고 온 북녘의 아내가 오라 하던가요?
북한강변을 지날 때도 나는
피어오르는 물안개와 반짝이는 강물만 내다보고 있었습니다
당신이 가는 길은 아름다웠습니다
강변을 뒤로 하고 가는 길엔 단풍꽃이 만발하고
하늘의 하얀 구름이 당신을 따라오고 있었습니다
당신 버릴 곳을 1킬로쯤 남겨놓고
당신을 차에서 내려놓았습니다

잠깐 쉬었다 가시자고
그 자리엔 꽃상여가 놓여 있었습니다
당신이 갈아타고 가실 꽃상여였습니다

당신과 함께 탄 길잡이가 요령을 흔들었습니다
어어어허 상여꾼들이 슬프게 소리하며
발을 맞추고 있었습니다, 앞뒤로 흔들거리면서

3

이제 가면 언제 오나 어어어허
북망산천이 어디메뇨 어어어허
풀죽은 자손들이 고개를 떨구고 눈물을 훔쳤습니다
북망산천이 멀다더니 어어어허
당신은 가기 싫은 길을 가고 있었습니다
상여꾼들이 제자리걸음할 때
나는 하얀 봉투 새끼줄에 꿰고 길바닥에 놓으며
어서 가시라고 당신을 떠밀었습니다
당신이 꽃상여 타고 가는 길엔
단풍든 은행나무가 양쪽에 정렬하여 섰고
노란 잎을 뿌리고 있었습니다
당신을 배웅이라도 하듯 길 위를 덮고 있었습니다
그러나 당신을 버리고 갈 곳에 도착하니

파헤쳐진 흙더미 한가운데는
당신 몸 하나 겨우 누일 구덩이가 입을 벌리고 있었습니다
나는 당신을 그곳에 눕히고
차마 삽으로 흙을 퍼 넣을 수 없어 한 움큼만 뿌렸습니다
그런데 사방에서 우르르 달려들어
순식간에 흙을 채우고 말았습니다
그러고 몽둥이를 지팡이 삼아 뺑 둘러서더니
에헤이달고 에헤이달고
빙빙 돌며 발꿈치로 흙을 다지고 또 다졌습니다
당신이 다시는 일어나지 못하게

그렇게 사흘 만에 당신을 버렸습니다
당신의 소지품을 모두 불태우고
삼년상은커녕 백일상도 지내지 않았습니다
삼우제와 사십구재를 끝으로 당신을 버리는 일을 모두 끝냈습니다

이 불효 자식놈이
그러고 하늘을 쳐다봅니다
북녘의 어머니는 지금쯤 무얼 하고 계실까?

# 서정

나에게서는 벌써
육십 년 전 죽었다지요

북망산천 맴돌다
차마 못 가고

눈보라 휘몰이바람
어이 다 견디고서

이제 싹이 조금씩 돋아날
기미가 보이는데

지금도 부르는 노래
진달래꽃

# 이강漓江의 겨울

천만년 세월의 흔적으로
삼만육천 봉을 빚고
이강은 구비마다 봉우리를 품었는데
'저 멀리 낚싯배 그물 유유자적 산수경山水景'은 간데없고
흐르던 물은 댐에 갇혔다

머슴살이 서러운
가마우지는 깃털마저 윤기 잃고
차디찬 뱃전에 앉아
하늘을 나는 꿈꾼다

강가에서 풀 뜯던 물소 떼는
야윈 등에 쟁기 끌고
짐수레 힘겨워 허덕인다

낙엽 없는 계림桂林의 겨울
그렇게 많던 물새는 어디 가고
집오리 떼만 여기저기
관광객 실은 유람선만 오간다

## 솔마을로 오시게

벗이여
오시게
봄 여름 가을 겨울
네 번은 오시게

벗이여
지나는 길에도 오고
해 저물면
걸음을 멈추고 오시게

앞으로
춘하추동이 몇 번이나 있을까
걱정 말고
수시로 오시게

한 잔 술 생각날 때도 오시게

# 기도祈禱 Ⅰ

하늘과 땅 사이에
덮개를 씌우지 말아요
씨앗이 뿌리내리고 살 곳 찾아 헤매지 않게

은은한 종소리를 가슴으로 듣게 하고
물은 장수의 기백으로 흐르게 하며

흰구름 먹구름
바람과 함께 놀게 하고

바다와 땅 사이에
바위와 자갈과 모래를 벗 삼게 하고

산천초목이
병들지 않게 하고
새와 나비가 춤추게 하소서

캄캄한 밤하늘
반짝이는 우주를 보게 하소서

## 편지를 띄울게요

구석구석 님의 여운이 감돌고
싸늘한 가슴을 촛불로 녹일 수 없어 편지를 쓴다
봄, 여름, 가을, 겨울

꽃잎에 쓰고
풀잎에 쓰고
붉은 단풍잎에 써서

노을이 고갯마루 넘을 때
천산 만산을 넘어
억겁의 파도를 타고 저승일지라도

날마다
날마다
편지를 띄울게요

# 무심했구나

외나무다리에 서서 그대를 본다
태어나면서부터 순하디 순한 너는
산이면 산
강이면 강으로 내가 가는 곳이면 언제나 같이한

때론 가시밭길에서 찢어지는 아픔도 참고
외로워 서릿발 돋는 달밤을 거닐 때도
성난 파도의 세파 속에 몸부림 칠 때도
곁에서 떠나지 않는

그대의 의향을 무시하고 내 맘대로 놀아나도
허물을 탓하거나
누설하지 않았으며
불평불만한 적 없는

나
수의를 입을 때까지도 같이 할 동반자
너무 무심히 대했구나
나의 그림자여

# 편지를 주세요

스마트폰 문자는 싫어요
편지를 보내 주세요

봄에는 한 잎 꽃을 넣어 주시고
여름엔 싱그러운 허브잎 한 장
가을이면 단풍잎 하나 붙여 주세요

함박눈 내리는 날에 목도리 두르고
들길을 걸어오는 모습

벙어리장갑 속에 따뜻한 손
마중 나가 잡아 줄게요

두 줄 발자국 남기며 우리 길을 가요
벽난로에 불을 피워요
빨간 지붕 굴뚝에 하트를 그려요

# 자화상

세상에 태어나면서 울기부터 시작하더니
아침은 내일을 향해 달리다
어제를 만들어내는 반복

꽃잎 들춰 암술 수술 더듬고 떠돌다
꽃비 내리는 나른한 오후
씨방을 닫고 해바라기가 되었다

길지 않은 한세상
족적조차 풍파에 유실되고
윤기 잃은 표피는 미라를 닮아 간다

등걸 밑에 뿌리는
세월을 버티기엔
아귀가 무르다

지하地下 천상天上의 뜻을
어이 비켜가리

# 어머니의 품

나는 아침마다 태어난다

허브향 바람을 맞으며
푸른 공기를 마시고
양탄자 같은 흙을 밟고 산책하며
햇빛 사랑을 받으니
무슨 바람이 또 있으랴

때 되면 푸성귀 지천이니
먹을 만큼만 얻어오면 되는 것

조금은 바쁘게 움직이는 것이 건강을 위한 욕심이라면
게으름을 피운들 간섭하지 않는 자연은
참으로 넓고 포근하다

여기가 어머니의 고향이고
내가 가야 할 길이요
약수가 흐르는 어머니의 품이다

# 대웅전 가는 길

한세상 산다는 게
공식이 있다던가
어름산이 품바춤을 추다 추락하는 인생

수향산[2] 신광사
사천왕의 부릅뜬 눈 피해
대웅전에 들어갈 수 있을까

벽을 마주하고 참선에 든 적 없고
오직 포만의 쾌락 속을 헤매다
바람 따라 나선 길

바람결에 귀 뚫리고 새소리 들릴 때
계곡물에 수신修身하고
쏟아지는 햇살에 눈을 뜨면

부처님 계신 대웅전에
엎드려 뵈올 수 있을까
빈 손바닥 하늘에 올리고

---

2) 황해도 해주 서북쪽에 있는 산

# 고향 가는 길

삶의 상처가 옹이 되고
옹이에 검버섯 돋아나도
세상에 내놓고 부끄럽지 않은 것은

나무를 심고 꽃을 피운 덕이요
자연 앞에 치장한들 들꽃보다 고울까
민얼굴로 자리 깔고 쉴 수 있는 게 행복 아닌가

가며 오자는 것은 웃는 얼굴 보자는 것이요
서찰을 주고받음은 안부를 물어두자는 것이거늘
땅거미 스멀스멀 등짝에 기어들 때

동공에 가득한 타는 노을 앞에
검은 산 그림자 어른거리고
이산가족이란 이름으로 산 지 예순여섯 해

하늘 나는 새 부러워 마라
육신을 땅에 묻고 영이 하늘을 날 때라도
바람 타고 고향부터 가리라

어머니가 주신 숫낯[3]으로

3) 때 묻지 않은 본래의 얼굴로

# 친구야 놀자

해방된 지 칠십 년
육이오사변 육십오 년 전쟁 중
동리洞里 어귀 정자나무 나이테 속에 서린 사연 많으련만
묵묵부답이다

나잇살 낙엽지고 눈 내리면 팔십인데
눈 뜨면 만나던 숫낯[4]의 아이들
고이 가이[5] 그리고 코가 말라 딱지가 되도록
노는 데 정신 팔던 친구들 어디 있나

북녘 하늘에 떠오르는 민얼굴의 아이들
한 발짝도 내딛지 못하는 벼랑에서 어이하란 말이냐
팔순 아이는 외쳐본다
얘들아 놀자!

대답 없는 철조망

---

4) 때 묻지 않은 본래의 얼굴로
5) 고양이 개의 황해도 사투리

## 봄바람 I

남강에 물비늘 반짝이고 아지랑이 피면
아낙의 마음 문밖을 서성이고

계곡물 아직 얼음장인데
버들강아지 떼 지어 논다

겨우내 움츠렸던 마음 들떠
한마당 판 벌리고 싶은 들썩임

어딘들 못 갈까 신발 끈 동여매고
휘-잉 꽃놀이 떠나고 싶은…

보리밭 푸른 물결
춤을 춘다

# 보낼 수 있나요

육십오 년
밤새워 눈물로 쓴 편지
우표 붙여 우체통에 넣으면
북녘 땅 우리 엄마 내 동생들과
눈뜨면 뛰놀던 친구들에게
보낼 수 있나요!

바람결에 띄울까요
새 날갯죽지에 묶어 보낼까요
철조망에 걸어놓으면 되나요
119 부르면 될까요

# 빈자리

당신이 입고 다니던 것과
당신의 손때 묻어 반짝이던 것들
놓고 간 자리엔
시간이 멈춰버렸습니다

느낄 수 없는 따뜻한 체온과
윤기 잃은 색깔들만 머물고
치울 수 없는 자리에
정돈된 추억들이 가득합니다

문 열고 들어설 때마다
불쑥 따라 들어오는 것 같아 뒤돌아보면
해맑은 얼굴로 웃고 선
당신 같은 햇살이 빛납니다

다시 밀려오는 그리움
어린아이같이 울고 싶어집니다

# 어머니 흉내를 내고 있다

온갖 병病을 담는 상자가 되어가는 나이
파르르 떨면서도 젓꼭지를 놓지 못하는 몸부림은
비바람 눈보라 속에서도
끝나지 않은 이산가족의 한을 풀기 위함이다

눈물의 발원지가 어디인가
마를 나이 되었다 했는데
때로
핑 도는 눈시울에
동백꽃, 목련꽃,
호박꽃이 뚝뚝 떨어지는 날이면

그럴 때면 텃밭에서
어머니 흉내를 내고 있다
흰 적삼 검은 몸빼 바지 입으시고
머리에 수건 두르고 김 매시는
어머니 곁에서
어머니 흉내를 내고 있다

# 낮달

지나는 바람과
흐르는 구름과 강물
영원히 헤어나지 못할 것만 같았던 가난

풍랑에 뱃전을 놓을 수 없었던 손
태양과 사막 사이에서 감고 싶었던 눈
지나고 보니 삶의 허물을 벗기 위한 산고産苦였네

어머니의 태반을 벗고 세상에 나와
크는 아이들만큼 보낸 시간
흔적으로 남은 나이테

조금은 수척하고 기운 모습이지만
가던 길 멈추지 않고
뒤돌아보지 않네

# 늦은 후회

가지고 갈 수 없는 것들만 가득한 세상 속에서
누렸으면 족하련만
가질수록 모자라 속 태우다
소중한 몸뚱이를 담보로 고주망태가 되고
넘지 말아야 하는 선을 넘어서고 만다

조금밖에
조금밖에 남지 않은 끝 길에서
풀 수 없는 짐을 지고

감쪽같이 속아 살았다고 한들
썩어가는 뿌리로 꽃을 피우기엔
너무 늦었다

# 깊은 곳엔 사랑이

사랑한다는 말 흔해빠진 요즘
나는 사랑한다는 말이 서툴다

허리가 휘어지도록 같이 산
아내에게나 자식에게도
사랑한다는 말과 칭찬에 인색했다

본심은 그렇지 않은데
듬직한 남편 자상한 아버지가 되지 못했고
처자식 자랑은 팔불출 소리 듣는다는 말
철석같이 믿고 살았다

이성을 첫 대면하던 날
손 한 번 잡아보려다 거절당한 후론
손목쟁이가 호미가 되어버리고
꿀 훔쳐 먹다 들킨 아이처럼 난감한 처지가 되고 말았다

나들이 때도 나는 나대로 앞장서고
뒤따라오는 아내와의 거리는
손잡기에는 너무 먼 거리다

그래도 속정이 있어 자식 낳고
손주들 자라는 것 보니
손잡고 다니는 것이나 진배없다

우리들의 할아버지 할머니처럼
겉정보다 수박 같은 속정이 좋지 않은가!

# 친구 찾아가는 길

살면서 먹어본 것보다
못 먹어본 것이 더 많았고
본 것보다
못 본 것이 더 많은 시절에 살아서
예까지 오느라 지친 몸 달래려
집을 나선다

추수 끝난 들녘에 비가 오려나
눈이 내리려나
간절한 기다림 같은 정적 속에
철새들만 오가고

이런 때도 있었던가 한가함이
뒷짐 쥐고 돌담길 돌아
막걸리 한잔 술 나눌 친구 찾아가는 길

# 그럴 수 있다면

이별을 막을 묘수가 있었다면
뒤에 숨어서 자라는
그리움은 없었을 텐데

메마른 바람이
사막의 톱니바퀴를 틀 때
범종의 울음이 몸속을 파고드는 아픔

과거사로만 밀쳐둘 수 없는 추억들이
베어내고 베어내도 무성하게 자라는 잡초처럼

이별의 아픔을 잊을 묘약이 있다면
벌컥벌컥 들이켜고
다시 성을 쌓을 수 있다면

그럴 수 있다면…

# 밤 눈

부풀리지 않고 있는 그대로
조금은 모자란 듯 서로를
좋아했던 친구들이 생각난다

코끝 시린 새벽녘
숨차게 달려온 길가에
제설차가 버리고 간 하얀 거품들

아침 햇살에 빛나는 설원에
이름 모를 짐승의 발자국이
먼 옛날 얘기처럼 산등성이를 넘어갔다

조금은 모자란 듯 시시덕거리며
눈사람 만들며 즐거웠던 친구들
그립다

# 나무가 되어

겨울밤 울어대는 문풍지는
봄이 그리워서가 아니네

한 그루 나무가 되어
꽃을 피우기 위한 인고의 세월

언제부터 빚어지고 쌓인 인연인가
강물이 산모롱이 돌아갈 때

나 이곳에 서서
들물처럼 밀려오는 그리움

날개 없어 날지 못하고
손짓만 하고 섰네

# 오리는 물 위에서 자지 않는다

고향과 타향살이가 같지 않을 터
아무 연고 없는 타향에서도
철마다 피고 지는 꽃들은
나팔 닮은 꽃이나
가시 돋친 꽃일지라도
아름답고 향기로운 것인데

연고 없는 타향에선
고향에도 피어있을 꽃을
그리워하게 된다

강산江山은 고향이다
항상 그 자리에 있으나
오르고 들여다볼 때마다
어제와 같지 않아서 낯설고
옛 물은 가고
새 물만 가득 담아 흐른다

나는 파뿌리 키우며 살지만
오리는 물 위에서 자지 않는다

# 나를 찾았다

제복을 벗고
계급장 떼고 보니 내 몸에도 날개가 있었다

긴장과 가식의 굴레에서 벗어나
여유라는 것
자유라는 것의 맛을 알았다

나그네도 아니요 떠돌이도 아닌
앨버트로스의 날개를 달고
나만의 세계로 떠나보자

내 안에 빗장을 뜯어 버리고

# 핑계

새해 일출 앞에서
두 손 모으고
채워지기를 간절히 기원했는가
비워지기를 발원했는가

황홀한 일몰 앞에서
만족하다고 감사했는가
모자란다고 소원했는가

움켜쥐어 봐야 두 주먹이고
끌어안아 봐야 한아름이요
욕심껏 짊어져 본들 한 짐인 것을

언제 갈지 몰라서
남겨둔 것들 못 버린다

# 봄바람 II

간밤에 안개가
별빛을 가리더니
안달 난 성화에 못 견디고
한겨울 지켜온 가슴 내주고
꽃망울을 터트리고 말았구나

바람도 바람나고
사람도 꽃바람 났구나

어이한단 말이냐

# 망구望九

한 발짝 두 발짝 옮기다
잃어버린 고향
강산이 일곱 번이나 바뀌었구나

세월이 흐르는 바람소리 다르고
몸을 휘감고 도는 차고 뜨거운 세월
땀에 젖은 얼굴 마를 날 없어 흐른 골짜기
산이 높고 강이 깊다 한들
주름살에 서린 애환의 세월만큼 깊으랴

상복 입은 갈대 머리 하얗게 서리 내리고
나
그 속에 섰노라

# 지팡이 짚을 때가 됐다

매일같이 오가던 길인데
발걸음이 무거워진다
눈 감고도 다니던 길에 돌부리가
발가락을 물고 놀자 하고

회초리로나 쓸 법하던 어린 나무가
나와 함께한 세월에
안아줄 만큼이나 커서
가는 길 오는 길에 쉬어가라 정을 주네

물레방아
삐걱 삐걱 돌아가는 소리

# 겨울이 오기 전에

가을비는 소리를 낸다
오동나무 잎과 창문과
맑은 물에서 건반을 두드린다

이별이 서러워
눈시울이 붉은 잎새들

나는 단풍잎을 줍는다
시집 갈피마다 채워 넣고
긴 겨울밤
잊혀져가는 어머니의 얼굴을
더듬어간다

눈이 내리는 밤이면
더욱 그리하다

# 부르는 소리 들리는데

그때
열네 살 소년이었어요
여기가 아닌 고향이란 곳에 있었어요
산에 자라는 나무도 아닌데
멀쩡히 걸어 다니는 사람인데

내가 길을 잃었나요?
여기서만 살아야 하는 이유를
여든 살이 넘었는데 모르겠어요

그전에는 이산가족이 천만 명이라 했는데
다음에는 몇 십만 명으로 줄었고
지금은 몇 만 명이래요
다
어디로 갔대요?

지금도 들리는데 우리 어머니
자식 이름 목 놓아 부르는 소리 들리는데…

# 제2부

# 흙 한 주먹 쥐어 봤으면

# 자연으로 되돌리고 가자

산을 보고 강을 건너며 암벽을 본다
얼마나 오랜 세월이 빚은 풍광인가

세월을 쪼개고 또 쪼개서
시간이란 걸 만들어 놓고
백 미터를 몇 초에 뛰었느냐는 것은
부질없는 일인가

시간의 길이는 세월의 길이와 같지 않은가
고속열차를 타고 비행기를 타고
바쁘게 뛰어다녀도
살아 있어서 먹이를 찾아다니는 것뿐인데

가지고 갈 수 없어도
나무를 심는 것처럼
자연 속에 남기고 가자

# 시詩 타작打作의 꿈은 멀기만 하다

어릴 적 엄마 따라 오일장에 가면
먹고 싶었던 것들이 아직도 눈꺼풀에 매달려 있고
쇠전거리 국밥 냄새가 지금도 코끝에 묻어있다

꿈을 이룬다는 것이 알싸한 채찍 맛을 모르고
어찌 산고를 치르겠는가
시 타작 하겠다고 도리깨 휘둘러보지만
욕심에 눈이 멀어 옥석을 가릴 줄 몰라
도리깨질로 바닷길을 내겠다고 대든 무모함이
부끄러워진다

누구나 학창시절 품었을 문학 소년의 꿈
칠십 년이 넘어서도 버리지 못하는
미련함이여

# 흙 한 주먹 쥐어 봤으면

설화雪花가 피고지고 피고지고 하더니
야윈 매화 가지에 가늘게 뜬 눈
또다시 봄은 왔다

빈 텃밭에 봄을 심으면
흙냄새가 좋아
호미 자루 놓을 새 없어도 밭에서 맨발로 논다

실향의 칠십 년 세월에
초롱초롱하던 눈에 눈곱이 끼고
탱글탱글하던 장단지가 풀 자루가 되고
검던 머리엔 흰 머리카락만 자라고
지팡이가 있어야 편한 나이 되었으니…

몇이나 남았는지 모를 봄이지만
고향 가서
흙 한 주먹 쥐어 봤으면

## 식목

이 자리에

나무를 심는다

나도 모르고

너도 모르는 날이 오면

그 자리에 내가

심겨지리라

# 내 이름은 알렉시오 I

주일마다 성당에 간다

하느님은 보지 못하고

하느님의 말씀만 전해 듣고 온다

아직 눈도 뜨지 못한

애기가 옹알이를 하고 있다

# 사랑 주고 싶어서

봄꽃이 피면 나이 들어도
가슴이 설렌다
짝지어 나비 나르고
손주들 재롱에 살맛 난다

농사일 힘들어도
흙과 물과 빛을 먹고 자라며
내 발자국 소리 듣고 와락 안기는 것들
내 손으로 쓰다듬어 키운 보람
자식에게 주어 보낼 때
다 주고도 남는 사랑 어쩌랴

남은 사랑 다할 때까지
더디게 가자꾸나

어머니는 대가를 바라고
젖꼭지를 물리지 않는다

# 물동이

우물 속에도 하늘이 있다
얼굴을 디밀면
옷고름에 꽃 수놓아 가슴에 매어놓고
호수 같은 눈웃음 짓던 누나 모습
지금은 할매 되어 환하게 반긴다

물동이는 그림책에서나 보는데
그 속에서 울려오는 메아리
고향 친구들의 목소리를 듣는다
고향이 보인다

우물 속에 물동이가 있다
물동이 속엔 어머니가 계신다

# 한 잔의 맑은 술

하늘의 명대로 살다보니 예까지 왔는가 보다

잊어서는 안 될 은혜는 폐허 속에 방치한 채
망각의 무덤을 만들고
깊은 곳에 묻어 잊어버려야 할 것들은 되살아나
뒤를 따르며 아프게 한다

삶의 흔적들이 끈적이는 범벅되어
명암의 주위를
배회하는 그림자들
거르고 걸러 한 잔의 맑은 술이 되어 준다면
세월이 권하는 자리에서 마시련만
세상살이가 이토록 사연만 가득한가

하늘의 별빛 저렇게 찬란한데

## 매우 나쁜 단계

남산이 보이지 않는다
베이징 자금성에서 날아온
미세먼지 때문이다

두 동강 난 허리 통증도 서러운데
마스크를 쓰고 헐떡이는 신음소리
광화문 광장을 메웠는데

블라인드 커튼 속에서
내다보지 않는 얼굴은 누구일까

이순신 장군은 오늘도
갑옷을 벗지 못하고 긴 칼 움켜잡고
눈 부릅뜨고 섰는데

# 수도자修道者의 독방獨房엔

수도자의 독방엔 작은 창문이 하나 있다
창문 크기만큼만 빛이 들어와 방바닥에 눕는다
맑고 흐림의 변화와
나뭇가지가 춤을 추고 풀들이 물결칠 때면
바람도 볼 수 있는 창이다

계절이 창문을 스치고 지나간다
흩날리는 낙엽, 이전에는
화려한 꽃을 피웠고
울창한 숲속에 박새가 찾아와
손바닥에 잣을 물고 간다
함박눈이 산천을 덮으면
감나무의 연시는 새들의 밥이 된다

만남과 이별의 나이테
나와 나의 문답이 오가고
내가 나를 찾아가는 길엔
적막과 고독이 나의 동반자다
한 줄기 하늘의 빛을 찾아 나선 길
기도를 멈추지 않는다

## 척하면 삼천리

못 본 척

못 들은 척

모르는 척

뒷짐 지고 연신 헛기침이다

바늘귀와 구멍으로도

볼 것 다 보고 다 듣는다

# 밤안개

안개 짙은 밤길
그림자 같은 뒷모습을 본다
가로등 불빛도 삭아 내리고
엉킨 발걸음이 위태롭다

초롱초롱하던 눈빛도
오목렌즈에서 볼록렌즈로 바뀐 세월
과거는 왜 아프기만 하고
외로워야하는가
못 다한 이야기도 버리고 가야 하는가

터널의 끝은 어디인가

# 고향 I

녹아내리는 물방울 소리에 향기가 있다
하루 또 하루, 걸음을 옮기며
계절의 흐름을 본다

가시방석에서라도 쉬어가고 싶던 지난날들
저물어가는 나이 되어
오늘도 들어서는 문턱

님도 못 오실 길 가고
화초 같은 자식들 장성하여 떠나니
초가삼간이 어둠으로 가득하다

조금은 외롭고 적적한 밤이지만
내 청춘을 엮어 만든 꽃방석이 여기 있어 좋다

# 말馬 없는 포장마차

저녁 무렵이면 집을 나선다

입이 건강하지 못하여
허튼수작이 튀어나오고
냄새나는 이야기들
갈수록 역해진다

핏대선 서녘 노을
포장마차에서 다시금
너덜너덜한 입으로
소주잔을 빤다

오곡 영그는 들녘에서
알곡 훔쳐 먹는 새들 쫓는 데는
빈 깡통 두드리는 소리만한 것도 없지 않은가

오늘밤도 이렇게 깊어만 간다…
깡통 인생

# 닮았다

봄이다

꽃 필 때는 사춘기
꽃 시들면 권태기
열매 키우고 나니 갱년기

이렇게 살려고 달려온 길 아니라고
도리질 쳐도
어쩜 그리도 나를 꿰 닮았는지

이정표도 외길 뿐이다

# 이별의 징조徵兆

먹고살기 바빠서 외길 타고 다녔으니
특별나게 마감할 일도 없지만
흐드러지게 한판 놀아보지 못한 한이 있어
세상 유람 떠나려니
육신과 영혼이 어긋나 삐걱거림은
이별의 징조인가

그래서
하늘길이 있고
땅길이 있는가 보다

어디로 가는 비행기인가
빠르기도 하다

# 관계없음

가을이 익어가는 계절입니다

십 년 넘게 편지를 보냈습니다

십 년 넘게 답을 받지 못했습니다

십 년 넘게 밥만 먹고 헤어졌습니다

이럴 때 「관계없음」 사이라 하나요?

# 서쪽으로 가는 나이에

다 살기 마련이란 말이 있다
세월 따라 살아오면서
황혼으로 기우는 나이에 들면
뒤돌아보는 버릇이 생기는가 보다

아는 게 힘이란 말과
모르는 게 약이란 말의 의미는
다 아는 사람 없고
다 모르는 사람 없는데
나는 어디쯤에서 살고 있었을까

서쪽으로 기우는 나이에
손익계산서가 무슨 소용이 있겠는가
오로지 함께 한 사람들에게
감사하며
용서를 빌 뿐이라네

산모퉁이 돌아가기 전에

# 통일이여, 빨리 오라

엄마의 따뜻한 등에 업혀
오일장 저잣거리에 가면
칭얼대는 나에게 물려주셨던
왕눈깔사탕
세상에서 제일 맛있었는데

그 손을 놓고 떠나온 지 칠십여 년
어머니 업어드릴 만큼 컸는데
나는 어찌하여
어머니를 업어드릴 수 없는가

이제 이놈이
장에 가서 국밥 사드릴 수 있는데
아니
비행기 타고 세상 구경 시켜드릴 수 있는데…

# 창가에서

흐르는 물은 흐르는 대로
내버려 두더라도
서릿바람에 지는 단풍 한 잎
눈目 갈피 속에 넣어 두리라

살아오면서 작고 큰 상처 견디고
잊고 살다가
어느 날 상처가 덧나고 아려올 때
눈물 흘린들 아물까

갈피 속에 넣어둔 단풍 한 잎
붉은 노을에 띄워 놓고
저만치 걸어가는 내 뒷모습을 보리라

# 그랬으면 좋겠다

내가 사랑하던 인연들이 있어
정말 행복했지

바라는 게 있다면
내가 나를 운전할 수 없는 시간이 오기 전에
황홀한 저녁노을 배웅하고
잠자리에 들어

고마운 인연들에게 주는
힘들지 않은 이별이었으면 좋겠다

밤하늘에 별이
빗금을 치며 지듯이…

# 그땐 몰랐어

(용서 기도)

1.

막을 수 있었다면
붙잡을 수 있었다면
이런 말 드리지 않아도 되는데

아빠!
잘 가
많이 보고 싶을 거야

아빠!
그땐 어쩌지?

아빠!
사랑한다는 말 못한 거
잘못했어
그땐 몰랐어

보내드리지 않을 수 있었다면
붙잡을 수 있었다면
울지 않아도 되는데

2.

엄마!
잘 가
많이 보고 싶을 거야

엄마!
그땐 어쩌지?

엄마!
사랑한다는 말 못한 거
잘못했어
그땐 몰랐어

우리 엄마 아빠가
이 세상에서 최고였는데
그땐 몰랐어

엄마 아빠 정말 미안해
사랑해!

# 고향집 신발장

양지바른 울 퇴방에
예쁜 신발장
장화 두 켤레
반짝반짝 빛나는
구두 두 켤레 있다

고무신이 없으면
노인정 마실 가시고
장화가 없으면
밭에 가신 것
구두가 없으면 읍내 장날
데이트 가신 거다

멋 짱 노년
신발 두 켤레는
손잡고 다니는 단짝 친구다

# 오직 오늘에 산다

손과 발에 흙 묻히고
이마에 땀 훔치며 살아온 세월
풍덩, 계곡물에 뛰어들어 봤는가!
사는 맛이 이런 거라는 것, 느껴 봤는가!

지나고 보니 누가 시켜서 하지 않았다
오늘도
그렇게 했을 뿐이다
오늘, 또 오늘도…

꿈을 꾼다
꿈에서 깨어나면 오늘이다
숙제를 주고받은 일도 없다
오늘도 오늘처럼 살면 된다
그리고 달콤한 꿈을 꾸면 된다…

# 산사의 아침

오는 새 가는 새
나뭇가지 사이로 난다

연잎에 이슬 구르듯
산새 노래 굴리고
스님의 풀 먹인 장삼 사이로
바람 스치고
햇살은 나뭇잎 사이로 쏟아진다

서억서억
백팔번뇌 쓸어내는 비질소리
계곡 물소리와
풍경소리
목탁소리
독경소리

하늘에 비행운이 흐른다

# 고향 II

고향은
떠나는 곳이 아니라 가는 곳이다
가슴 설레이는 곳이다

별똥별 하늘 끝으로 흐르고
외할머니 무릎베개에
듣다 남은 옛날 얘기

콧물 닦아주던 어머니의 치맛자락
시렁에 얹어놓은 추억들이
달구지 타고 다니던 두 줄 바퀴 길

아이 때도 가고 싶고
늙어서는 더욱 가고 싶은 곳

멀리서 뱃고동 소리
눈가에 이슬이 맺힌다

# 공수거空手去

시리고 저린 빈곤의 세월
내리는 눈송이만큼 많은 날을
얼어붙은 폭포의 절벽에 서서

다시는 녹아 쏟아지지 않을 것 같은 것들
조금씩 아주 조금씩
녹아내리고
녹아내리다 쏟아질 때

푸르름은 짙게
폭포를 살찌운다
삶의 가치와 풍요는
세월의 흐름에 묻히고

나는 어느새
뒤돌아보는 나이테 둘레에서
조금씩 조금씩 녹아내리는
내 모습을 본다

죄지은 것 용서 받고
가지고 온 것 없으니
가지고 갈 것 없다
빈 몸으로 떠나자

목마른 새 물 한 모금으로 만족하고
훨훨 날아간다

# 떠나는 길

하늘길을 간다
부자도 가난한 사람도
늙은이와 젊은이와 아이들도
하늘길을 가고 있다

마주 오는 사람이나
뒤돌아보는 사람도
짐을 지거나 들고 가는 사람도 없다
늙은이도 지팡이를 짚지 않고
다리 저는 사람도 목발이 없다

모두 빈 몸으로 앞만 보고 간다
어디로 가는 길인가 물어보지 않는다
함께 걸어도 말을 하지 않는다

그저 가기만 한다
하늘길을

# 모정

피난길
열네 살 소년이 가지고 온 것은
아무 것도 없었다

있다면
어머니가 깔고 주무시던
포대기 한 장
춥다고 내 머리에 씌워주셨다

그땐 몰랐다
어머니의 사랑인 것을
그것이 이렇게 크게 아주 크게 자랄 줄은
미처 몰랐다

나이 들어가면서
보고 싶어 가슴 저리고
못 가서 가슴 미어진다

# 빈자리

당신은 크고
힘도 장사고
못하시는 일도 없고
모르는 것도 없는 분이었습니다

당신이 계실 땐 몰랐습니다
숲속을 헤매느라
산을 보지 못했습니다

내가 아버지가 되고 나서
빈자리가
너무 큰 자리가 비어 있다는 것을
깨달았습니다

그러나 당신은 가고 없습니다

# 아내

아이들 키우느라
선잠 자던
젊던 아내는

돌아갈 수 없는 세월에
참빗 갈기에
낙엽이 한 주먹

그칠 줄 모르는 장마에
아픈 데 많아
잠 못 이루고 뒤척인다

논두렁에 개구리는
왜 저렇게 우는지

# 겨울

군불 땐 구들장 방석 하고
책장이나 넘기다가
문지방까지 눈은 쌓이는데

하얀 눈 머리에 쓰고
큰골 작은골 오솔길 돌아
벗이 올 것만 같은 밤

짊어진 짐 내려놓고
며칠 쉬어갈까 하나
담소할 벗이 없구나
박장대소할 친구가 없구나

기러기 울음소리 멀리 들린다

# 망중한忙中閑

그늘진 토담 용두머리 위
고양이가 곳간 드나드는 쥐새끼를 기다리고
닭들은 그늘에서
땅 헤집고 흙목욕하다가 몸을 턴다
뱃가죽 땅에 대고 퇴방에 엎드린 누렁이
반쪽 눈으로 졸고
외양간 송아지도 침 흘리며 되새김질이다
호박잎은 넋 놓고 늘어졌는데

주인은 어디 가고
빗장 없는 싸리문짝만
비스듬히 닫혀 있다

# 노모

외로움이 집안 가득 박혔다

"자식들 결혼시켜 도시로 보내고
영감은 하늘나라 먼저 갔지."

"밥상에 앉으면
영감 생각 자식 생각 손주 생각
집은 작아도 남편과 자식들 살 부비며 살 때가
힘든 줄 모르고 좋았지."

"명절 때는 와요.
애들도 저희들 살기 바쁘니…."

긴 한숨 쉬며
농사짓느라 굽은 손마디, 주름진 손등을 만지며
문밖을 바라본다

울타리 호박넝쿨에
애호박이 명절 기다리듯 매달렸다

# 그리움만 덩어리지고

울안 장독대 크고 작은 항아리들
하늘의 별처럼 빛났습니다

곱게 가르마 탄 쪽진 머리에 물동이 이고
우물 나들이에 문지방이 닳고

바구니 가득 푸성귀 담아
부엌으로 들어가시던 뒷모습

아궁이에 불 지피고 앉으신 당신은
동해에 떠오르는 붉은 태양이셨습니다

어릴 땐 몰랐습니다
당신이 우주이신 것을

이제 와 그리움만 덩어리지고

아무 것도 해드릴 수 없어
빈 하늘만 쳐다봅니다

# 언덕을 넘어야지

한 잔의 커피향이 하늘을 날고
아랫마을은
고향을 닮았다

까마득한 옛날에
기다리던 눈동자는
골짜기마다 내려앉고
되살아나는 추억이 새록새록한데

대추나무에 걸린 연
찢어진 날개 파닥거리다
앙상한 뼈 드러내고
허욕으로 살아온 삶이
아직도 비우지 못한 고리짝 속에 남았구나

기다리지 않아도 오는 날
빈 손바닥 베개 하고 하늘을 보며
서걱거리는 갈대숲에서 오는
새를 따라 언덕을 넘어야지
고향으로 고향으로

# 산허리에 앉아

아랫마을에 땅거미 내려앉고
굴뚝에 하얀 연기 오르면
부지깽이 들고 아궁이 앞에 앉은 어머니를 본다

가마솥에는 밥 익는 내음
구수한 시래기 된장국을 끓이신다

떠나보낸 자식 걱정에 가슴 태워
부엌 서까래는 그을고
눈물은 솥전을 타고 흐른다

밤열차의 긴 불빛이
화살처럼 사라지고
어머니의 다듬이 방망이 소리 들린다

내달음질할 길 없어
이곳에 앉아만 있다

## 박새는 꿈을 꾸는가

박새가 날았다
창문으로

빗물은 넋 잃은 채 흘러내리고
바람이 왔다 바람개비 되어 돌아가는 것을
낙엽이 왔다 뒹굴고
눈송이 창문을 들여다보다 물이 되는 까닭을
그것 보고 싶어
창문으로 간 박새는
무슨 일이 있었는지
영영 꿈만 꾼다

한 마리 박새
오늘도 날아간 짝을 기다린다

# 잃어버린 웃음

실향 소년은 저녁놀 바라보며
끊긴 귀향의 설움으로 몸부림치다가
웃음을 잃고 말았다

둥지 떠난 어린 새는
파드득파드득 어미를 부르고
어미는 먹이 물고 새끼 찾아 헤매고 있었다

저녁이면 핏빛 낙조를 눈에 담고
허기진 소년은 잠이 들고
북녘 하늘의 별들을 세고 있었다

세월의 무상함으로 망팔에 선 소년은
잃어버린 웃음을
지금도 찾지 못하고 산다

# 제3부

## 이력서

# 새해 아침

서해에 붉은 몸 던져
동해에 솟구쳐 오른 빛의 물결
하늘을 연다

간절한 소망의 기도
수평선 위에 평화
용서와 희망의 빛을 뿌린다

파도의 너울 장단에
갈매기의 군무
평화롭다

태양은
어머니의 가슴으로 용서하고
만물을 가슴에 품다

흑룡이 여의주 물고 승천한다

# 쓴소리

말言 달리다 보니
듣기 싫다하고
노망老妄들었다 하네

침묵은 금金이라 했던가
다물고 살려하니
타는 속 어이할고

옳고 그름이 세월 따라 다르고
어제와 오늘이 같지 아니하니
귀 들리고 눈에 보이니 말言 생기고

언제부터인가 잔소리 그만 하랄 때
기가 막혀 숨이 목에 걸리고
귀 막고 눈 가리고 살고 싶어도 쉽지 않네

늙어서 금이 무슨 소용이랴!
눈 감고 입 다물면
유령들만 오가는 것을

# 매몰되는 옹달샘

바닷가 나들목에서 고향 하늘을 본다
황혼에 냉기 서린 바람
꽃잎 떨어지고
허공에 흩어지는 향기

멀리 보기 위해 산에 오르면
서산 너머 불타는 노을
나이는 계단을 오르고
몸은 비탈길을 가고 있다

또
한 해가 저무는 끝날에
지우지 못하는 깊은 곳의 영혼
화려하지도 초라하지도 않은 모습으로 서서

눈앞에 아른거리는 고향
어루만질 수 없는 위대한 어머니 가시고
무너지는 태산
매몰되는 옹달샘

# 잠 못 이루는 밤

구들장 등짐 지고 밤길을 간다
더듬지 않아도 고향 길은 손금 같은데

어둠 속에서 헤어나지 못하고
뛰는 가슴 얼어붙은 발걸음

포성이 울리던 날 찢어진 혈육
운동장에서 뛰놀던 친구들 흩어지고

가도 가도 보이지 않는 낯익은 얼굴들
돌담길 봉숭아꽃 열 손가락에 물 들인다

하늘의 별밭은 오늘밤도 빛나건만
밤마다 추억 등짐 지고 고향길 헤매고 있구나

아픈 곳 많아지는 세월 속에서

## 전생前生

어머니의 집
태반胎盤에서 살며 쓴 일기첩이 있었다

어느 날 갑자기
세상 밖으로 나가라고 했다

챙길 겨를도 없이
감당하지 못할 힘으로 떠밀어내는지

발가벗은 알몸으로 나왔다
추워서 울었고 아파서 울었다

빈손으로 왔다 그래서 가야한다
어머니의 집으로

## 고향의 봄

끝나지 않는 전쟁
음속 돌파에 하늘이 무너지고
포 사격장에 찢어지는 살갗

허리를 옥죄이고 있는 철조망에
지금도 아물지 않은 상처
절름발이를 만들어놓고

아픔도 서러운데
가고 싶어도 못가고
생사조차 물을 곳 없으니

육십육 년 세월 흐른 오늘도
고향의 봄 부르며
베갯잇만 적시는 밤

# 우정友情

하 더워 견디기 힘든 날
안부 물어볼 친구 몇인가

참고 견디면 세월은 가는 것
서늘한 바람 불 테지

예까지 오느라 얼마나 힘들었나
견디는 힘이 조금은 버거워도

아직 많이 남아있는 날들
못 다한 이야기 많은데

그동안 쌓이고 쌓인 우정 태산인데
두고 갈 수 없잖은가

얼굴 보는 것이 우리들의 거울이거늘
자주 들여다보며 살자구나

## 가을이 들길을 가네

창밖에 다가선 산
아침 운무 떠 있고
강물은 구름 아래 흐른다

손가락 담그면 쪽빛 들 것 같은 하늘
추녀 끝의 풍경 소리
거울같이 맑아라

꽉꽉 걸어 잠그고 범접을 허락지 않던
밤송이 입을 벌리고
겨울 봄 여름을 먹고 자란
가을이 씨앗을 토해낸다

하늘 오르던 잎새들은
오색 물감 풀어놓고
먼 길 떠날 채비 하느라
몸단장이 한창이다

가을이 바람 타고 들길을 가네

# 불면不眠의 시간

창밖의 오동나무 잎 기웃거리는 가을
툇마루에 나앉으니
보름달 추녀 끝에 걸리고
뒷산의 산새 소리
외롭다 외롭다 하네

저 멀리 마주앉은 마을 아련한 불빛
창밖으로 정이 새 나오고
달빛에 단풍잎 수줍어 얼굴 붉히는데
혼자 여기 앉아 저려오는 가슴

달빛이 밝아서도 아니요
밤기운이 차서도 아니다
올해도 고향 못 가고 기우는 해
몸은 여기 있으나
마음은 고향에 가 있네

달 보고 우는 백구
내 마음 아는 듯하네

# 개발지구 I

허리 꺾인 용마루 신음하고
뼈만 남은 다리로 포기를 선언하고픈 눈망울 애처롭고
흙벽은 갈비뼈를 드러내고 버틴다

창호지 문풍지는 날아간 지 오래고
돌쩌귀 빠진 문짝은 엎어져 피를 토한다
아프다는 소리도 소진된 기력으로 눈을 감고 있다

비오는 날
빗물 받을 양재기 하나 없는 바닥에
강이 흐르고
조상의 넋인가 개구리 큰 눈에서 흐르는 눈물

올챙이는 배불러 불빛 찾아 떠나고
빈집에선 소리가 난다
뼈 부러지는
비명소리가 난다

## 고개

우리들이 넘어온 고개가
달동네 뚝방촌이었다 해도

단칸방살이 물지게 져 나르고
연탄구멍 콧구멍만큼만 열어놓고 아껴 살아도

해맞이 볼 새 없이
일터로 가야했던 발걸음

너희들만은 건강하게 자라
훌륭한 사람 되자고 남긴 묵언默言

내 몫을 이어받은 아이는
도회지로 둥지를 옮기고 제 몫을 다한다

초대장 받을 나이 지났지만 나들이 할 곳은 많은데
손잡아 줄 따뜻한 손은 어디 가고

보릿고개 같이 넘어온
솔방울같은 할멈의 손 놓지 못한다

# 내버려 두리라

시를 짓고 있는 새벽녘
꿈 깨라 새벽닭 운다

뛰쳐나가고 싶다
부서져라 어둠 속으로 내 한 몸 던져
하얀 햇살이 된다면

빛다 버려둔 시 따위야
바위가 되든 흙이 되든
내버려 두리라

술 한 잔 마늘 한 조각 먹고
잠들면 되는 것을

# 이력서

이름은 모래
주소는 물가 상습 침수지역
나이 모름

산이었다가

바위였다가

돌이 되었다

그리고
세월이 날 낳았다

# 다섯 손가락

친구는 많을수록 좋지만
세월이 놔주지 않아
하나, 둘 불려 나가고
추억 속에 그리움으로 남는다

묵은 장맛 같고
대나무 같던 친구들

지금은 손가락 열 개는 고사하고
다섯 손가락 꼽아본다

드문드문 만나지만
막걸리 한 잔이면 어떻고
차 한 잔이면 어떠랴

# 건망증

본 듯도 하고
알 듯도 하고
기억이 아련하여 지나치고 나니

선생님은 버스를 타고 떠나셨다

익은 벼이삭처럼
고개 숙이고 살라시던 선생님!

아직도 설익은 풋것이
버스 떠난 빈 길에 대고
인사를 드렸다

세발자전거 타는 아이
손을 흔든다

# 내가 나를 이겼다

맞짱 뜨자
싫어

뜨자
노

붙자
둘 중 하나는 죽어야 끝나

끓어
끓었다

내가
나를 이겼다

# 다 컸구나

집안 가득하던 아이들

손자도 있고

손녀도 있다

사랑한다

건강하고 바르게 자라줘서 고맙다

너희들 세계로 나아가는 큰문을 열어라

# 약수

인간이 내다 버린 양심
오염된 대기를 씻어 내리는 빗물은
캄캄한 지하에서 흙으로 빨래를 한다

몸을 비틀어 암반을 뚫는 것은
더러운 인간의 때를 벗기고
여과하기 위해 겪어야 할 산고
자연으로 돌아갈 길을 닦는다

비로소
샘물이라는 이름으로 태어나
솟아오르는 물

인간들은
약수라 부른다

# 보이는 대로

산에는 나무가 산보다 높게 자라고
들에는 오곡백과가 풍성하다
하늘에는 별들이 살고
강물은 쉬지 않고 가는데

은유隱喩는 너무 먼 것 같아 못하고
비유譬喩는 왼새끼 꼬는 것 같아 싫고
남의 입 빌리지 않고
보이는 대로 말하니 편하다

학마을에
참새가 살기로니
수군댈 일 아니다

## 벌초伐草

좋다!
정말 좋다

가을 하늘이 높아서도 아니요
물이 맑아서도 아니다

효손의 손길이 닿았다
사무친 그리움의 손길로 다듬었다

우리 울 뜨락에
햇살이 빛난다

모서리 없는 유선형의 곡선이
금빛으로 빛난다

# 바람이었다

사연 따위야 옛날 이야기여서
달이 밝거나 기울었다거나
눈 비 오거나 바람이 불어도
나와는 상관없는 일이라 여겼거늘

묻어도
묻어도 새순이 돋아나는 것은 추억
그리움이 웬 변고인가

제비꽃이 그러하고
민들레가 끈질기게 꽃을 피워대니
작심하고 길을 떠나보지만

수평선 끝에서 밀려오는 파도는
밤낮으로
내 가슴을 부수고 뒤집는 거품

갈매기만 끼룩끼룩
바람을 탄다

# 항구의 아침

낙조의 불빛이 사그라지는 시간
어둠을 풀어놓은 수평선 끝에
연단連斷의 불빛이 한 점 또 한 점
만선의 꿈으로 떠오르는 별빛
달이 길을 안내하며
오늘을 마감하고 있다

회전등대의 불빛이
초점을 잃어가는 시각
백두대간의 뿌리로부터 솟구치는 힘!
밤새 검은 파도소리로 울던 바다를 뚫고
찬란한 빛으로 오는 아침
오늘이 탄생한다

귀항하는 만선의 깃발 하늘에 꽂고
힘찬 고동소리 파시波市의 문을 연다

# 개발지구 II

원래는 참새 마을이었다네
골목에서 참새들이 재잘대는 소리
어두워서야 집으로 들어갔다네

몽당연필을 조막손에 쥐고
코 훌쩍이며 공부하는 아이들이 사는
동네였다네

번개 치고 산이 무너지고
하늘 찢어지는 소리 나면
이불 속으로 기어들던 아이들이
살고 있었다네

저녁노을 지고 어둠이 깃들면
빛나는 별을 덮고 잠자리에 들어
꿈을 꾸던
아이들의 동네였다네

# 내 짝꿍

월악산 미륵사지
아랫동네
남한강 수몰지구가 고향인 짝꿍
무슨 힘으로 옮겨왔는지
불가사의다

금혼金婚의 세월
산바람 바닷바람
강바람 맞아가며
깎이고 깎여도 아직 날진 모서리 남아있어

망팔望八 망구望九의 나이에
짝꿍하다가도
따로따로
멀어지는 나그네로 보일 때도 있다네

# 지구 여행

우리들은 지구라는 별에서 여행 중입니다
바닷가에 서면 수평선 끝자락
산에 오르거나 밤이면 하늘을 쳐다보며
또 다른 나의 세상이 있을 것만 같아
그리움과 향수에 젖어드는 것은
가야 할 내 길을 찾고 있는 것입니다

위대한 어머니가 보내주신 여행길에서
인간이라는 동물의 탈을 쓰고 관광 중입니다

번갈아 바뀌는 밤과 낮
언제나 초행길에서
동물의 야생 본능으로 황홀한 늪에 빠져들면서
번데기 춤을 추다가
가로막힌 어둠 속에서 거울을 봅니다

낡아빠진 탈과 해진 입성이
돌아가야 할 시간을 알립니다
지구라는 별에서의 여행은 끝나갑니다

즐거운 여행이셨습니까?

## 내 이름은 알렉시오 II

성당에 주일 미사 다녀왔다
긴 세월 냉담하다 고해성사 보고
다시 시작한 믿음의 길

믿음에 대해 아무것도 아는 게 없다
분명한 것은
그분은
집 나간 자식이 돌아올 것을 믿고
끝까지 기다리고 계신다는 것뿐이다

# 농주 한 사발 축배를 든다

계절의 문은 내 맘대로 여닫는 쪽문이 아니다
겨울이 주고 간 봄은
봄의 길이만큼만 머물다 간다

농부는 흙이 되어
쇠심줄로 봄을 뒤집고
아지랑이가 피어오르는 속살에
빛을 뿌리고
씨앗을 묻는다

가을걷이가 갈무리 되면
윤활유 마른 삭신이 삭는 소리
관절에선 녹물이 흘러내린다

그러나
다시 올 봄을 맞기 위해
농주 한 사발 축배를 든다

# 풍경화

어젯밤 사이 누가 다녀갔나
겨우내 문 닫아걸고
분단장하더니
아침에 문밖에서 배웅하고 선 꽃
이슬을 머금었다

하늘에 비행기는 날갯짓 없이
굉음을 토하며 날아가고
주머니 털어 물감 사지 않아도
사계四界를 그려내고 있는
창밖에 풍경화가 걸려있다

청춘과 황혼의 시공時空 사이에서
저렇게 황홀한 풍경화를 남길 수 있다면

# 나무를 심는 것은

오늘
과실나무를 심는 것은
누구를 위함이 아니다

아직 나에게
흙을 파고 나무를 심을 만큼의
힘이 남아 있음이다

또
내일이 온다는
믿음이 있기 때문이다

# 기도 II

전에 없이 새로워 보이는 건
나이 탓도 있지만
나만이 느끼는 남은 시간 때문인가

백자빛으로 하늘이 열리고
싱그러운 푸르름이 다가오는
다시 없는 오늘을 맞이하면서

지난날의 허물을 부끄러워하며
모아지는 손
용서의 기도를 올린다

뜨겁지 않은 노을 눈에 담으며
나 여기 서서
내일이라는 이름의
뜨거운 태양 볼 수 있기를…

# 별똥별 빗금을 친다

쌍 전봇대 같았던 다리가
지겟다리 되기까지
그리 오랜 세월 흐른 것 같지 않은데
어느새 지팡이 없이는
먼 길 떠날 생각조차 못한다

불빛에 그을린 잎새는 지고
온기 없는 찬바람만
가슴을 파고든다

창가에 귀뚜라미는 밤마다
사랑의 연가를 바치는데
하늘만 쳐다보는 내 마음

머언 하늘 끝에서
별똥별
빗금을 친다

# 비문碑文

비문이 필요치 않으나
편히 쉬라 새긴들
한곳에 머물겠느냐

실향민의 한이 넋이 되어서야
고향에 가 있을 터

가끔은 너희들 보고파
껴안고 볼 비빈들 스치는 바람일 테고

산으로 강으로 바다로
바람이었다가 구름이었다가
별이 되어 살리라

# 끓으려면 참아야 한다
— 금연

곁에 없으면 불안했다
그런 너에게 결별을 고하고 돌아선 후
돌아오라는 달콤한 유혹에 고뇌하며
참고 또 참았다

꿈결에도 입 맞추던 너에게
이제 영원한 이별을 고하며
갠지스 강가에 혼불을 피운다
너의 체취와 입술을 하늘에 올리고
한줌의 향불을 꽃배에 실어
강물에 띄운다

다시 만나잔 말 못하고

# 화로에 묻어놓은 감자

산골짝 오두막에 겨울이 오면
하얀 달 눈 위를 가고
화로에 묻어놓은 감자 익어 가는데

오두막 삼간이 빈집 같은 건
울어대는 문풍지 때문만은 아니다

행여나 이 밤에라도 올까 눈에 밟히는 손주들
아랫목에 펴놓은 잠자리에 머무는 눈길

창밖의 달도 짝 없이 가는구나

# 보고 싶습니다

재주 없어 난장판에도 끼지 못하고
잘생긴 데 없는 얼굴이라
색시들이 눈길 한 번 안 주니 가정파탄 없어 좋습니다

열심히 더듬어 살면서 평균 수명 넘겼으니
이만하면 미련 없지 않은가

단 한 가지 부모님 영전에 서서
생전에 꼭 할 말을 못했습니다

사랑합니다
보고 싶습니다
낳아주셔서 고맙습니다

# 봄이 오는 소리

바다가 하얀 비늘을 세우고
산자락을 흔드는 것은
기상나팔 소리다

바람이 분다
목마른 나무들 바람개비를 돌리고
물 흐르는 소리
산천초목이 빨대를 빨고 있다

하얀 구름 같은 날개가
나를 청춘으로 초대한다
싸리문 밖 양지쪽 보랏빛 작은 제비꽃
엎드리고 세운 노란 민들레 꽃대
봄을 밀어 올리고 있다

# 생선 가게에서

허기진 배 채우려다
잘 포장된 저승사자의 유혹에
낚싯바늘을 보지 못했다

살기위한 처절한 몸부림도
허공에서 숨이 막혀 말 한 마디 못하고 다문 입
마지막 경련으로 누워버린 몸뚱이
감지 못한 큰 눈
저승을 본다

이승이 천국인 것을 알았으나
돌아갈 수 있는 바다는
보이지 않는다

# 어머니를 위하여

하지 감자 몇 알 잡수시고
개울 건너 천수답에 피 뽑으러 가신 어머니
허기를 어떻게 달래셨을까

밥그릇에 잡곡밥 보시고
저것들 언제나 이밥을 먹일까
지금도 가슴 아파하실 어머니

들녘에 피어오르는 아지랑이
씨 뿌리시는 어머니 모습 아른아른 멀어져가고
어머니 유택에 할미꽃이 피었다

뒤주에 하얀 쌀
항상 채워두고 살리라

어머니를 위하여

# 잘못된 순서

이산가족 상봉
금강산에서 잔치 벌였습니다
끌어안고 기쁨의 눈물을 흘렸습니다
잠도 따로 자고 다시 헤어졌습니다
떠나는 버스 창문에 매달려 통곡합니다

인도적인 차원에서 마련한 이산가족 상봉
대대적으로 중계방송 했습니다
제2의 이산 장면도 빠뜨리지 않는 배려까지…

이상하지요? 통 크게 한다면서
편지로 생사 확인부터 하고
전화로도 안부 주고받은 다음
명절에 선물도 주고받으며
고향 오고가면 되는 것인데…

철조망 가로지른 곳
상봉장인가요?
면회소인가요?

통 크게 한다면서
벼룩의 간만도 못한 통들…

# 밥상머리

구부러진 등을 타고
바람과 함께 넘어간 발자국은
되돌아오지 않으셨습니다
재 너머 양지바른 곳에
할미꽃이 되어 계십니다

그리울 때마다 가슴에 안겨
"엄마! 사랑해" 한마디 못한
참회의 눈시울이 앞을 가립니다

좋아하시던 계란찜 굴비구이
때마다 드릴 수 있는데…
당신이 앉아 계시던 자리엔
당신이 사랑으로 키운 손주들이 앉았습니다

# 제4부

# 개가 월월月月 한다

## 남기는 말

영혼이 떠나고 나면, 몸에

쓸 만한 것이 있거든

가져가도 좋소

남길만한 이름 석 자도 아니니

밟고 다녀도 좋소

# 해바라기는 밤새워 동쪽으로 간다

빨리 커서 어른이 되어야지
철없을 때나 알고 한 소리는 아닐 테고

더하기만 하며 살다
더할 숫자가 많지 않다는 것을 알기까지
기십 년이 걸렸다

빼기는 아예 없는 공식 속에서 그나마
평균 수명 넘겼으니 족하지 않은가

해바라기는 밤새워 동쪽으로 간다
일출을 보기 위해

내일을 마중하는 것이 아니라
오늘을 맞이하기 위해
해바라기는 밤새워 동쪽으로 간다

# 그림자와 춤을

깨끗한 삶이란 게
몸에 묻은 흙은 물로 씻어내면 그만이지만
마음의 때는
마음으로 닦아야 하거늘…

불평불만 없이 용서해주며
따라준 그림자 앞에
오만과 사치스런 옷을 벗어버리고
알몸으로 손을 내민다
우리 둘만을 위한 달빛 아래서
춤을 추자

우리는 애초부터 한 몸인 것을 잊고 산
주인인 양 으스댄 죄 용서 빌며…

# 제2의 고향

내 고향 안봉산 아랫자락 기르마재에서
낯익은 이웃들과 살 때는

쟁개비에 애호박 썰어 넣고
낭화나 떠덕제비 끓여 먹을 때
두구니에서 달걀 꺼내다 풀어 넣으면
수태 맛 났지

겨울에 학교 갔다 오면
아랫목 포대기 속에 복주깨 덮어 넣어 둔 따땃한 밥
해주 용당포 황갯벌에서 잡아온
칙거이 갈거이 농거이 간장조림 반찬으로
맛나게 먹었지
장참 먹어도 물리지 않았지

지금은 용문산 서녘 설매재 아래 솔마을에서
낯선 사람 많은 곳에 살면서는

냄비에 애호박 썰어 넣고
칼국수나 수제비 끓여먹을 때
닭 둥지에서 계란 꺼내다 풀어 넣으면
정말 맛있었지

겨울에 학교 갔다 오면
아랫목 포대기 속에 뚜껑 덮어 넣어둔 따뜻한 밥그릇
해주 용당포 황갯벌에서 잡아온
칙게 갈게 농게 장조림 반찬으로
맛있게 먹었지
계속 먹어도 질리지 않았지 하며
살고 있다

## 내 고향 추녀 밑에 제비집 짓겠지

155마일
귀신도 얼씬 못하는 땅에
길을 내고 다리를 놓는다고 하네

누가 누구를 위한 다리가 아닌
누구나 자유롭게 오가는 큰 다리

정치꾼의 헛말이 아닌
진실이기를 비네

생전에 내 고향 추녀 밑에
제비집 짓는 것 보겠네

빨간 우체통 대문 앞에 달아놓고
보낸 편지 답장 받아 보겠네

# 부끄러운 소풍

아이들 어렸을 때
사이다 한 병 과자 한 봉지 없이 소풍 가던 날
인천 연안부두 걸어가던 길
모래바람이 불었다

점심에 모래 밥을 먹었다
배고파서 버릴 수가 없었다

그 이후
아이들도 나도
인천 연안부두 소풍 이야기
감추고 살았다

## 묘비

여기

잎새 하나 떨어져

흙이 되었노라

- 나 무 -

# 석양夕陽에

목화송이 사이로 조각난 하늘이 깊다
지는 단풍 붉은 입술을 떨고
서산의 노을은 장엄한 불꽃으로 지는데
도리질 쳐도 날치기 당한 것 같은 허무
청춘은 되찾을 길 없다

풀꽃에서 고목에 이르기까지
물 한 방울에서 바다를 이루기까지
천지天地가 스승인 것을 모르고 살았다

살아있어서 깨닫는다
텃밭에 고구마, 옥수수, 콩 조금 축냈다고
짐승 다니는 길에 올무 놓지 말고
사람 다니는 길 막지마라

까치밥으로 남겨놓은 연시
투명하게 붉다

# 개가 월월月月 한다

달이 밝다

창문을 여니 개가
달을 보고 월월月月 풍월을 한다
시견詩犬이 세상 돌아가는 꼴을 아는 듯하다

나도 창밖 세상에 대고
왈왈曰曰 했다

달이 지도록
가이는 월월 하고
나는 왈왈 하고 있었다

# 봄이 오면

물동이에 띄워진

나는 종이배

스며드는 봄물

나는 침몰하고 있다

둥근 하늘과

둥근 바다 속으로

꿈을 꾸고 있다

# 들머리 은행나무

해주평야 사방 30리
취야翠野 장터에서 기르마재 가는 길
들머리에 은행나무 세 그루 서 있다

옛날에 어른들 말씀이
양쪽에 암나무 거느리고 거들먹거리다
벼락 맞아 반쪽은 불타고 남은 가지가
그래도 서방노릇은 제대로 했는가
가을이면 누런 은행이 다닥다닥 열렸다

수령은 알 수 없으나 몇 백 년은 족히 되었을
할머니, 할아버지 같은 나무
올 봄에도 싹은 트고
황금잎 책갈피에 넣어 주겠지

해주평야 들머리 지나면
안봉산 자락 기르마재가 내 고향…

# 기다리지 않는 어머니

어머니 장롱 속에는
새 옷이 곱게 개어져 있었고
꽁꽁 묶어 놓은 주머니 속에는 용채가 들어있었다
신발장에는 깨끗이 닦아 놓은 하얀 고무신
하지만 어머니는 떠나시고 안 계신다
자식들이 안부 물어오면
밥 세끼 잘 먹고 건강하니
내 걱정 말고 너그들이나 건강하라고…

어머니는 거짓말쟁이셨다
늙어서 그런 걸 뭘 얘기해
자식들 걱정하게

어머니!
이 철없는 자식은 어찌하오리까
불효도 못 하게 가신 어머니!

## 상여가 울며 간다

얼굴 없는 나무들
토막 난 몸뚱이에 나이테만 남기고
쓰러진 나무는 죽었다

꽃은 지고 나비 떠난 어둠 속
바람도 떠나고 돌아오지 않는다
하늘 나는 새도 길을 잃었다

메마른 계곡의 속살을 밟고
상여가 울며 간다
흙덩이를 담은 상자를 메고 간다

지구라는 별의 표피를 벗기는 자者
출렁이는 호수의 둑방을 무너뜨리는 자여!

먼지를 뒤집어쓰고
울며 가는 상여를 보라!

# 살아서 고향 가라고

빈곤의 삶은 사막에 발자국을 남기고
강물에 흘려버린 서러운 이별

암벽 틈새마다 울컥울컥 치솟는 소망
기다리다, 기다리다 심장은 멎고
망향의 두 눈을 감지 못했다

아버지는 육신을 벗어 놓으시고
고향으로 떠나셨다
산으로 가셨다

발뒤꿈치를 놓칠세라 따라 나섰던
열네 살 소년은 고향 잃고 부모마저 잃고
팔십 넘은 고아가 되었다

밤마다 울어대는 부엉이, 소쩍새
소년아! 너만은
살아서 고향 가라고 하는 아버지의 기도

## 환생의 길목에서

늦잠 잔다고 탓하지 마라
게으르다 흉보지 마라
국방의무 삼 년 소원이 잠 실컷 자는 것이었다

고픈 배 채우기 위해
무한의 노동으로 젊음을 불태울 때도
눈두덩이 붓도록 잠이 그리웠다

살림살이 이만큼 이룬 세월에
육체와 영혼이 불협화음을 이룬다
이별의 징조인가

근육이 풀리고 뼈가 삭아
걸음걸이가 흉물스럽고
보는 눈 듣는 귀 어두우나
세상 돌아가는 꼴 성에 차지 않아
두 눈 감고 굵은 잠 청한다는 것
세월이 일깨워 줄 테지
날개를 달기 위해
번데기 잠을 자야 한다는 것을

# 가위눌리다

못을 박으면 조직을 만들고
못은 숨어버린다
깨달으면 이미 늦은 것
나이테 끌어안고 바람막이도 없는 비탈에 서서
피멍든 잎새를 떠나보내야 한다
서릿발 같은 칼바람이 불 것이다
시베리아에서 소리 없이 달려온 바람자국
입내 역겨운 골목 홍등가에
뱀들의 혀와 차디찬 미소가 얼어붙고

넣어준 무정란을 품고 스무하루 되던 날
어미는 곤달걀을 품고 닭똥 같은 눈물을 흘린다
찌그러진 양재기에 흙을 담고
'불 때 불 때', 소꿉놀이하는 아이들의 눈망울
되돌아가지 말아야 할 가난의 세월
소스라쳐 눈을 뜨니 꿈이었다

가위눌린 거야
안도의 숨을 내쉰다

# 마르지 않는 강

나 태어나던 날
세상에는 아무도 없었습니다

어머니의 젖꼭지와
호수 같은 눈동자 속엔
사랑이 가득했습니다

하늘이요
산이요
강물 같은 어머니만 있었습니다

어머니를 잃어버리고
칠십 년이 넘도록 찾아 헤매도
이 세상에 어머니만 보이지 않습니다

열네 살 아이는 몰랐습니다
피난길이 아니고 영원한 이별길이 될 줄은
정말 몰랐습니다

원통합니다
어 머 니 이~~
목 놓아 불러도
우리 어머니 대답이 없습니다

길이 엇갈린 것 같습니다

# 백록담에 물을 채우자

만년설을 등에 짊어지고 균열龜裂로
아주 천천히
지표를 핥고 있는 거북의 혀
조물주마저 잃어버린 시간으로…

골백번 참고 기다려도
빙하의 파도 소리는 들리지 않고
한 길 인간의 소갈머리는 날을 세운다

누가
세 번 참으면 군자 된다 했던가
차라리 백두산 천지 심연에 부표를 꽂고
한라산 백록담에 젖꼭지를 물리면
동강난 아픔의 울음을 달랠 수 있을 것을

그날이 오는 때는 언젠가

# 외기러기

화려한 비밀의 문을 열고 피어나는 꽃은
지고 싶어 지는가
꽃에도 생로병사가 있는 것을

얼마나 오래 살 거라고
얼마나 가지면 족할 거라고
채울수록 과욕에 눈이 멀어

천 년 만 년 피어 있을 줄 알았던
꽃은 지고
어둠 속에 버려진 허수아비

밤마다 별빛은 쏟아지는데
곁자리는 싸늘하게 비어 있고
후회만 어둠 속에 남아돈다

# 자서전

양평에 둥지 틀고 산 지
강산이 두 번이나 변한 세월
남한강 북한강 만나는 곳, 이름 하여
양수리, 두물머리라 부르더이다
두 물 만나면 한 물 되는 곳인데
합수머리, 한강이라 불러야 맞는 말 아닌가

가진 것 없이 태어나서
이산가족이란 이름으로 살면서
짊어진 바랑에 주먹밥 한 덩이 매달지 못하던
배고픈 세월 속에서
집도 절도 없다는 말은 사치였다
벌레 먹은 잎새는 계절과 무관하게 낙엽 지고
병든 열매는 떨어지는 법인데
용케 버티고 살아온 길 감사할 따름이다

그 많은 스침 속에서 짝을 만난 것은
기적이었다
평생 둥지 하나 마련 못하고 남의 둥지에
새끼 키우는 뻐꾸기가 되지 않았으니
또한 기적이 아닌가

없어 못 먹던 하얀 쌀밥 마다하고
보리밥집 찾아 나서고
고기 먹으면 살찐다고
야채와 과일 견과류 찾아 먹는
바보가 되었다

가는 길 멈추지 않고 뚜벅뚜벅 가다 보면
봄은 또 올 테고
봄이 오면 꽃이 필 테지

그날은 잃어버린 고향 찾는 날이었으면
얼마나 좋을까!

## 나목裸木

어린아이 적에
할머니 말씀이
"어깨에 찬바람이 씽씽 불고
팔다리가 시리고
허리가 끊어지는 것 같다" 하실 때

거짓말이라 생각했다

나, 오늘에야
부끄러워
고개를 들 수 없다

발가벗은 나무는
참회의 눈물을 흘리고 있다

# 덤으로 먹는 나이

병원에 가면 피 빼고
사진 찍는다
저승사자가 숨어들었을까
수색하는 것이다

병원을 나설 때면 뒤따르는 약봉지
그럴 때마다
덤으로 살며 먹는 나이

## 시詩가 무엇인지 모르면서

나는 시를 쓴다
시가 무엇인지 모르면서

그렇다고 시인詩人이 되고 싶어서도 아니다
시인이 되는 길도 모른다

왜, 라고 하면
나도 모른다 이 시詩처럼

그냥 쓸 뿐이다
고심苦心하면서…

또 묻는다면
어떻게 쓰는지 몰라서 쓴다

## 비우는 중

오늘도 멋진 아침이다

없는 게 있으면 씨 뿌려야 하고
남아있음은 주지 못해 있는 것이거늘
아침마다 논두렁 밭두렁 타는 것은
저녁이면 나눠줄 선물을 얻기 위함이다

어릴 때 든 회초리
사랑의 회초리였다는 것
알면 뭐하고 모른들 어쩌리

다 주고 가도
더 없어 허전한데…

# 빈말

오늘밤
잠자리에 들었다가

나도 모르게
떠났으면 좋겠다

헛소리
빈말이다

# 세월의 속도

가을 물 맑다

눈 한 번 껌벅하는 사이
창밖의 계절은 바뀌고
골병든 몸뚱이가 시려온다

태풍이 쓸고 간 자리
깃발은 찢어지고
윤활유 말라붙은 관절이 삐걱거린다

한없이 작아지는 내 모습

## 세월의 시간표대로

해는 서산에 지고
어둠 속에 나는
하얀 사각형 방을 만들고
하얀 밤을 지새운다

그리고
빛의 스위치를 내리고
암실 속에서
꿈을 꾼다

내일은 반드시 온다는 믿음으로

# 간밤에 무슨 일이

동백이 필 때면
함박눈이 잎을 덮는다
그 속에 꽃들만 눈을 떴다
간절한 그리움의 큰 눈
겨울 바다를 본다

해무가 몰려오고
부서지는 파도
밤새워 어지럽던 등대 불빛, 바람

뚝, 떨어진 동백꽃은
사랑의 붉은 이빨 자국이 선명하다

청춘이 지나간 발자국인가

# 믿음

빛바랜 눈
윤기 잃은 머리카락
탄력 없는 피부
숭숭 뚫린 엿가락 같은 뼈마디
육신의 모습이 허수아비 닮아가도

웃음을 잃지 않는 것은
영혼의 세계에서
천사들의 합창이 울려오고
님의 부름이 있기 때문이다

푸른 하늘에 목화구름 신비롭다

# 사기당한 세월

팔뚝에 알통 배고
다리에 힘깨나 있을 때엔
먹고살기 바빠 이리 뛰고 저리 뛰다보니
세월 가는 줄도 몰랐다
바다와 산은 나와는 상관없는 일이라 여기고
등산을 한다거나 바다에 첨벙 뛰어들 시간도 없었다

어느 날 쉬엄쉬엄 쉬어가자고
정자나무 그늘에 앉으니
나를 어르신이라 부른다

내 나이 그러고 보니 망팔望八 지나고
망구望九 되었구나
"노세 노세 젊어서 놀아…" 노랫말
이제야 깨달았으나 늦었고
세월에 사기당한 것 같은 허망함이여…

## 편의점 근처엔

편의점 근처엔 독방이 많다
독방에서 자고 혼밥 먹고 출근해서
책상 앞에 혼자 앉아 커피를 마신다

행복한가?
부서지는 투명 속에 질문이
사랑의 허기를 느끼게 한다

애원에 가깝던 부모님의 청이
옥죄어 온다
길동무 찾기를 매질한다

혼술에도 대화가 있는가
고독의 어둠만 쌓이는 밤의 정적

기쁨도 고통도
혼
자
다

# 여우꼬리

바람은 물기둥을 세우고
물은 바위를 뚫고 다듬으며 강을 이루기 위해
얼마나 오랜 세월 몸부림쳤을까
바위 틈새 뿌리내린 노송을 키우기 위해
얼마나 눈물을 흘렸을까

여우꼬리보다 짧은 인생인 줄 모르고
욕구에 눈이 멀어 천도天道를 벗어나
청춘을 탕진하고 내 몸뚱이 하나 간수치 못해
면경面鏡도 들여다보기 싫은
볼품없는 늙은이가 되었구나

변변치 못하더라도 작은 정원에
맑은 물줄기 하나 내지 못한 이제
나이 먹을수록 작아지는 늙은 아이 되어간다

# 거시기할 때도 있지만

사는 게 별거 있나요
날 밝으면 거동하고
날 저물면 잠자는 게 사는 게죠

세 끼 밥 잘 먹고
마려우면 뒷간 다녀오면
건강하게 사는 것이고요

세상사 속 끓여봐야 몸만 축나고
모른 척 사는 게 땡이지요

후손들이 살 앞날을 생각하면 좀
거시기할 때도 있지만…

# 길을 터다오

후드둑 오동잎에 찬비 내리는 날
잎새는 몸서리친다
젖꼭지를 놓아야 하는 멍든 입술
이별은 그리움을 잉태하고
외로움에 뒤척이는 밤

외딴집 굴뚝에 하얀 연기 피어오르면
울컥
어머니가 계시는 고향이 생각난다
아궁이 앞에 부지깽이 들고
밥 짓고 찌개 끓이시는 엄마 얼굴이 불빛이다

매서운 얼음바람 불고
함박눈이 내릴 테지
털신과 목도리, 장갑 가지고 가서
엄마에게 드려야 하는데…

총부리 거두고
길을 터다오!

# 왜 울어

여 봐요
앞산에 뻐꾸기 우니까

야 봐요
들판에 뜸부기도 울어요

동네
개가 짖으니
뒷산에 까마귀도 울어요

꺼억꺼억
세상이 왜 이렇게 시끄럽대요

# 그렁저렁

나는 은둔한 게 아니고
고향을 잃었으니
가짜 고향이라도 만들어야 하겠기에
큰 골에 들어와 터를 닦느라
나다니지 못했을 뿐이오

한때 술 좋아하고
줄담배 피우던 친구들 떠나고
한둘 남았으나 그들도 젊지 않아서
나들기 힘들어 목소리로 안부 주고받고 사는데

인생이란 거 살아보니
거창한 것 없고…
빠르기는 눈 깜짝할 사이라
떠날 때 미련이 남는가 보오

# 세월의 강가에서

강물을 본다
아무것도 가진 것 없이 빈 몸으로
오로지 낮은 곳으로만
묵묵히 귀향의 길을 가고 있는 강물

세월의 강을 본다
욕심에 눈이 멀고
오만과 독선으로 거들먹거리던 나
허우적대며 떠내려가는

저것들을 가지고 강을 건너려던
어리석음

내 곁에 남은 것은 아무것도 없는데…

# 두더지

밤마다
삭신을 휘젓고 다녀
잠 못 이루는데

밭에 나와보니
이놈!
예까지 따라 왔구나

하기야
너도 나와 같아
흙이 좋아 여기 사는데
어찌 네 탓하랴

# 제5부

## 개망초

# 중독

딱 한 잔만 하려 했는데
한 잔 술 하고 나니 생각나는 것
한 잔만 더
두 잔 술에 생각나는 것은
석 잔까지는 약주라 했는데…

다음엔?
자고 나서도 생각나는 것은
해장술 딱 한 잔…

내가 나를 버린 때가 있었다

# 토기土器

물 한 방울
밥알 하나 없는 빈 그릇

민요民窯의 허기虛氣를 가득 담고

박물관 조명등 아래 입을 벌리고
가난의 세월을 토해내고 있다

# 망향가

나무의 나이테는
연륜을 더할수록 단단해지건만
나는 어찌하여 낫달이 되어
고독의 길을 가고 있는가

산 그림자 석양에 눕고
하나둘 창문을 밝히는 불빛
어디선가 퉁소의 울음
임의 정 못 잊어 애달픈데

취벽헌醉碧軒 툇마루에 앉아 북녘을 바라보면
강산이 일곱 번이나 변했는데
흔적인들 남았을까?
고향이 타향 되고 마는가

## 무소유無所有

다 쏟아 버렸다
입과 코와
귀와 눈으로

텅 비웠다

비우니 가볍고
맑다

참
좋다

# 글로벌 시대

장가보냈어?
며느리 봤어?
그럼, 보내고 봤지!
당당했는데

이제 와 돌아보니
그 말이 무슨 말인지 알 것 같다
왜 늙은이들만 고향을 지키고 사는지

그들의 고향은 글로벌 시대라서
예나 게나 같은 고향인가 보다

# 오늘

지금까지 살아오면서 맞이한 오늘이
여기까지 오게 한 오늘인데
감사한 줄 모르고 오만하게 산 것이
부끄럽다

낭비한 청춘은 되찾을 수 없고
지은 죄만 남아서 흉물스런 모습인데

아직도 남은 욕심 못 버리고
더듬는 황혼길

살아온 길에 드리운 긴 그림자
너만이 동반자였다는 것을…

내일이 오더라도
오늘 차 한 잔 할 님이 그립다

# 긴 여행

눈보라 천만년을 덮고 또 덮는데
송곳 추위에
바람도 울며 가는 설원에서
가볍고 여유 있는 북극곰의 발걸음이 부럽다

흐른다는 빙하는 하구에서 마주해야
흐름을 볼 수 있다
귀향의 환호성을 지르며 뛰어드는 몸
귀향은 이제부터가 시작일 뿐인데

오대양 육대주를 돌아야 할
또 다른 여행의 시작일 뿐인데

나의 행선지는 어디인가
부서져 둥둥 떠내려가는 내 몸뚱이를 본다

# 개망초

열대야 짧은 밤에
삭신은 쑤시는데
천지에 개망초 흐드러지게 피었구나

자식 복 많아 여럿 키우느라
개고생도 마다 않았는데
남은 거라곤 닳고 닳은 뼈마디

개망초 한 다발 꺾어다
항아리에 꽂아 놓고 들여다보니
너도 나를 닮았는가

애당초 태어날 때 손가락에
금반지 끼고 나오지 않았으니
이만하면 족하련만

개망초 마주하고
푸념이 웬일이고…

# 멍

거칠어진 입에 대꾸 못하고
먹성 좋은 입에서 튀어나오는 물건 타박
옛날엔 어림 반 푼어치도 없던 일인데

고개 숙이고 나온 길에
돌부리 내질렀더니
엄지발가락과 가슴에 멍이 들었다

황혼에 서산 넘는
사내

밤참이 두렵다

# 오래 되어서

거울 들여다보면
그전만큼 맑고 밝지 않아도
알아볼 만하고

바스락 소리 잘 못 들어도
눈치는 빨라서 알아챈다

깜박깜박할 때가 더러 있지만
제자리 찾는데 실패하지 않았으니
이 정도면 아직 괜찮다

괜찮다 괜찮아
조금은 낡았지만 아직은 괜찮다

좋다 좋아
기름칠만 잘하면 아직은 쓸만하다
아직 백세 되려면 멀었는데…

## 하얀 밤

먼 길 떠날 채비를
미리 할 필요는 없다
오늘의 할 일을 하면 되는 것
지난날이 돌아오지 않는 것처럼
돌아갈 뿐인데…

빈방에 밤이 찾아들면
어둠 속에 몸부림치는 고독
들여다보는 달빛이 창백하다

기다리고 기다려도 오지 않는 임
하얀 밤을 지새우고
닭 울고 나면
오늘의 연속이 지금을 낳고
삶은 기다림 속에 있는 것이거늘

# 잘, 잘못

한세상 살아오면서
잘한 일과 잘못한 일을 꼽으라 하면

자식을 낳은 것이 잘한 것이고
잘못한 것은 잘 먹이지 못하고 잘 입히지 못한 것이다

고마운 것은 큰 병 없이 건강하게 자라 준 것이고
미안한 것은 칭찬보다 채찍을 많이 든 것이다

미안타
잘 자라줘서 고맙다

# 수리 불가

나는 매를 맞을 줄 모른다
잘못을 뉘우치는 것이 아니라
아픈 것만 서러워한다

두 눈에는 화려한 것만 보이고
땡볕의 개미들을 보지 못했다

입이 있어서 하는 말에는
할 말과 안 할 말을 가릴 줄 몰라서
뱉어놓고 후회한들 거두어들일 수 없는 것

나는 바보 중의 바보가 됐다
수리 불가 판정받은 고물

# 여름

소나기 한줄기 쏟아지는 날
푸른 물 흠뻑 든 바람 맞으며
돗자리 깔고 부채도 내려놓고
게으름 피우고 싶어지는 오후

무지개 베개 삼고
하던 일 잊어버리고
낮잠이나 자보자
훨훨 꿈나라로

하늘에 학의 날갯짓이 한가롭다

# 가을 I

오라는 곳은 없는데
떠나고 싶다

허수아비도 자비를 베푸는 넉넉한 가을 들녘
황금 치맛자락 잡고 가다가
바쁠 것도 없으니
바위방석 하고 쉬다

길동무 만나면
머리카락 날리며
들머리 올레길 걷고 싶다

낙엽은 바람과 함께 놀게 하고
철새는 고향을 찾게 하소서

# 어머니

하늘가에 목화밭
저기가 고향인데 갈 수 없구나

거기 보이는 초가삼간
대문 방문 다 열어놓고

물레 돌려 고치타래 짓고
베틀에 올라 세월을 엮어 짜시며

아비 새 어깨 타고 떠난 어린 새
춘하추동 문 못 닫고 기다리시는 어머니

목 놓아 불러도 너무나 먼
하늘가 목화밭

기어서라도 생전에 가야할 곳
기다린 66년 타버린 새가슴

아버지는 도롱이 어깨에 걸치고
삽 들고 물꼬 트러 산으로 가셨다

# 평생 배운 것

1·4후퇴! 가
무엇인지 알 턱 없는
열네 살 소년이 피난 나와서

팔십 문턱을 넘도록 살면서 배운 것은
악!
"살기 힘들었다" 밖에 없다

# 화롯가에 밤은 깊어가고

더듬더듬 세상 살다보니
어느새 옛것이 그리워지는 나이 되었구나

늦가을 찬바람에 옷깃을 여밀 즈음
어둠이 찾아들고 등잔불에 얼굴 비칠 때
삼발이 얹어놓고 끓이던
투가리 토장土醬찌개 향기는
어머니의 정성어린 손맛이었다

굴비 대가리와 가시도
불돌 위에 얹어놓으면
비스킷보다 맛난 아삭아삭한 과자
반찬 투정은 사치였다

사랑방에서 자리 엮으시는 아버지
고드랫돌 넘기는 소리 달그닥 달그닥

안방에 둘러앉은 우리들
할머니의 옛날 얘기에 잠 달아나고
인두 꽂아놓고 바느질하시던 어머니 얼굴

# 짚신 생각

고갯마루 주막집이
도시로 이사 간 후부터
논두렁 밭고랑을 누비던 짚신은
민속박물관에 장식물이 된 지 오래고

바랑에 미투리 매달고 넘나들던
옛길도 간 데 없고
하늘길만 열렸다

# 더 센 놈이 왔다

나는
그놈을 보지 못했다
밤에만 왔다 가는 것으로 봐서
산짐승은 분명한데
반드시 증표를 남기고 간다
영역 표시를 하고 가는 것이다

나는
봄부터 서리가 내리기까지
잡초와의 전쟁을 치른다
오직 잔디만을 위해서다

그 잔디 위에
하마 엉덩짝 크기만큼 잔디가 죽어간다
그놈은 꼭 그 자리에만
영역 표시를 하는 것이다

그래
어디 한번 해보자!
나도 그 자리에 대고
세게 내갈겼다

그러나
허사였다

그 냄새는 어디에서나 나는
늘 맡고 사는 흔한 것이라는 것을
그놈은 알고 있다

궁리 끝에 내 것 더하기 양조식초를 섞어
영역 표시를 했다

아!
내 것이 더 쎘다

잔디가 다시 살아나고 있었다

# 가을 II

거두지 않아도 이미
곳간은 채워지고
예고 없이 불쑥 찾아온 벗 반갑다

귀뚜라미 우는 밤
번개처럼 지나간 세월 이야기
창밖을 지나던 달이
오동잎에 앉아 있다

별들이 밤이슬에 잠들고
귀뚜라미 울음도 멎은 새벽

어디로 가는가, 두루미
뚜루루 뚜루루 새벽길을 간다

# 밥상

사각 밥상에 마주하면
날카로운 모서리에
작은 상처가 덧나고
침묵의 시간은
무딘 날을 세우고
정을 갉아먹는 보이지 않는 선이
화해의 틈을 주지 않는다

두레반으로 바꿔야겠다

# 시詩를 쓰려고 시時를 쓴다

시는 어떻게 쓰냐고 물어온다면

시를 쓰면 된다고 답하리라

시詩를 쓰고 싶으면

시時를 쓰면 된다고

시詩가 될 때까지…

# 평설

| 제1집 머리말 |

# 묵은지 시인의 묵은지 맛

**황명걸**

(시인)

묵은지 맛이 깊듯이 오래된 친구가 좋다는 말이 있다. 그래서 오래된 친구로는 학교 동창을 빼놓을 수 없는데, 그 중에서도 중학 동창이 제일이라고 한다. 고향 친구가 편해서 좋다는 사람도 있으니, 빠뜨릴 수 없다.

맞는 말이다. 하지만 예외가 있는 법, 망팔에 만난 윤만영 시인과 나의 우정이 그렇다. 그가 나에게는 묵은지 친구처럼 느껴지는 거다.

윤만영 시인을 처음 만난 것은 수년 전 세종문화회관 널찍한 돌계단 아래에서였다. 장사익의 소리판을 감상하기 위해 민병채 군수(당시 양평군수)와 만나기로 했다. 민병채

아형은, 통통하고 둥글둥글한 게 사람 좋아 보이는 나 또래의 늙은이를 소개했는데, 그 사람이 바로 윤만영 시인이었다. 민병채와 윤만영 두 사람은 아래윗집에 사는 이유로, 그 정의情誼로 좋은 자리에 함께 온 것이다.

그날 우리는 즐거움에 취해 밤도 이슥하여 양평으로 돌아왔으니 오랜만에 생으로 들은 장사익 노래의 마력에 사로잡힌 탓이긴 했지만, 공연장에 들어가기 전 회관 앞 중국집에서 든 고량주의 취흥에다가, 새로 친구를 만난 설레임이 더해진 까닭이었다.

윤만영 시인과 나는 '삼팔따라지'다. '따라지'라니까 자기비하의 씁쓸한 맛이 배어있어 안타깝지만 따라지끼리는 흔해 쓰는 말이다.

윤만영 시인은 황해도 벽성 출신으로, 1·4 후퇴 때 남한으로 내려왔고, 나는 평남 평양 태생으로 해방 후 월남해서, 둘은 고향이 같지는 않다. 그런데 내게는 해주 미술학교 출신의 월남화가 이동표 형이 있어, 윤만영 시인과 이동표 화가는 동향이 되니 꼭 소개하는 게 좋겠다는 생각이 들었다.

아니나 다를까 이 두 사람은 만나자마자 천상 맞춤이어서 금세 짝짜꿍이 되더니 형제와 같이 가까워졌다. 너무나 당연한 일이지만, 왠지 나로서는 조금 샘이 나는 게 숨길 수 없는 사실이었다.

알고 보면 윤만영 시인은 소년시절 아버지를 따라 피난 와서 고생도 많이 했으나, 사업가로 문학과는 아무 관련이 없고 정반대의 길을 걸어온 노후가 준비된 성공인이었다.

그런 윤만영 시인이 늘그막에 글공부를 하러 양평여성 회관의 성인 교양강습에 열심히 나간다는 사실을 알게 된 건, 그리 오래된 일이 아니다. 취미로 수필을 쓴다고 하는데, 나중에 회고록이라도 남기고 싶어서라고 했다. 그러더니 이어서 들리는 소식으로, 시도 쓴다는 거였다. 나는 적이 놀라면서도, 취미로 한다면 얼마나 좋은 일이냐고 반색했다. 노욕老慾에 빠지지만 않는다면 말이다.

그러더니 문학지 월간 《신문예》를 통해 정식 등단까지 했다는 것이다. 대단한 결행에 내가 무어라 얘기할 수 없었다.

그의 시詩에는 남다른 장점이 있다. 그것은 1·4후퇴 때의 월남인으로서 이산離散의 아픔이 있다는 것과 맨몸 맨손으로 세상을 헤쳐 나오면서 터득한 삶의 체험적 철학 그리고 그만의 타고난 풍자와 해학을 빌린 표현 같은 것이다. 실로 값진 그의 자산이다.

그 결실이 이번에 한 권의 시집으로 묶여 출간되니, 기쁘고 경하해야 할 일이다. 뜨거운 박수와 함께 그의 정진 발전을 기원해 마지않는다.

(2022년 9월 13일 영면하신 황명걸 兄의 명복을 빕니다.)

| 제2집 해설 |

# 통일을 위한 사모곡

정성수

(시인)

윤만영 시인의 새 시집《가을이 들길을 가네》를 한 마디로 말하자면 고독한 시적 화자의 통한의 사모곡이다. 다시 말하면 6 · 25사변 당시 북한에 홀로 두고 온 어머니에 대한 자식으로서의 죄책감과 사무치는 그리움과 객지에서의 외로움이 도도한 강물처럼 시의 기저에 넘쳐흐르고 있다.

시집《가을이 들길을 가네》에 수록된 이산가족의 뼈아픈 통한의 노래들이 치유되지 않는 아픔과 함께 그 자체로 이미 감동적이다. 여기서는 시적 화자의 자아성찰과 고독과 자신에 대한 연민도 모두가 다 어머니와의 이별이 가장 큰 실체적 원인으로 작용한다.

개인의 의지가 아닌 이 운명적 이별은 모성을 상실한 시적 화자의 고독한 한평생을 지배하고 있다. 오랜 남북 분단이 가져온 이 역사적이자 개인적인 비극은 비단 시적 화자 가족만의 비극이 아니다. 아직도 살아 있는 남북한의 수많은 이산가족과 그와 관련된 우리 겨레 모두의 통한의 비극이 아닐 수 없다.

따라서 윤만영 시인이 우리 앞에 펼쳐 보이는 가슴 아픈 사모곡은 문자 그대로 끝내 포기할 수 없는 남북통일에 대한 기원의 노래이다. 그야말로 이산가족으로서의 피맺힌 절규이다. 다음 시를 살펴보자.

구석구석 님의 여운이 감돌고
싸늘한 가슴을 촛불로 녹일 수 없어 편지를 쓴다
봄, 여름, 가을, 겨울

꽃잎에 쓰고
풀잎에 쓰고
붉은 단풍잎에 써서

노을이 고갯마루 넘을 때
천산 만산을 넘어
억겁의 파도를 타고 저승일지라도

날마다

날마다

편지를 띄울게요

— 〈편지를 띄울게요〉 전문

이 시에서의 '님'은 물론 '어머니'이다. 어머니에 대한 절절한 그리움을 담은 작품이다. 어머니에 대한 그리움과 연민 때문에 시적 화자는 '싸늘한 가슴을 촛불로 녹일 수 없어 편지를 쓴다'. 1년 내내 '편지를 쓴다'.

우편으로 보낼 수 없는 편지이므로 '꽃잎에 쓰고/ 풀잎에 쓰고/ 붉은 단풍잎에' 쓴다. 가슴 아픈 사연이면서도 분단의 땅 남북한 상황에 맞게 적절한 표현이다.

'노을이 고갯마루를 넘을 때/ 천산 만산을 넘어/ 억겁의 파도를 타고 저승일지라도' 어머니에게 띄우는 편지는 멈출 수 없다. 시적 화자는 어머니에게 '날마다/ 날마다/ 편지를 띄우겠다'는 강한 의지와 열망을 절대 포기하지 않는다.

다음 시를 살펴보자.

하늘가에 목화밭

저기가 고향인데 갈 수 없구나

거기 보이는 초가삼간
대문 방문 다 열어놓고

물레 돌려 고치타래 짓고
베틀에 올라 세월을 엮어 짜시며

아비 새 어깨 타고 떠난 어린 새
춘하추동 문 못 닫고 기다리시는 어머니

목 놓아 불러도 너무나 먼
하늘가 목화밭

기어서라도 생전에 가야할 곳
기다린 66년 타버린 새가슴

아버지는 도롱이 어깨에 걸치고
삽 들고 물꼬 트러 산으로 가셨다

— 〈어머니〉 전문

'하늘가에 목화밭/ 저기가 고향인데 갈 수'가 없다.

어머니는 '거기 보이는 초가삼간/ 대문 방문 다 열어놓고// 물레 돌려 고치타래 짓고/ 베틀에 올라 세월을 엮어 짜'신다. 어머니가 '베틀에 올라 세월을 엮어' 짠다는 표현은 적절하고 신선하다. 그러나 어머니가 사는 고향은 '목놓아 불러도 너무나 먼/ 하늘가 목화밭'이다. 그야말로 지상과 하늘의 차이만큼 먼 곳이다.

자식과 함께 지녀온 그리움과 죄책감 속에서 '아버지는 도롱이 어깨에 걸치고/ 삽 들고 물꼬 트러 산으로 가'고 만다. 추억과 고통과 슬픔으로부터의 일시적 탈출이다. 어머니는 자식과 지아비를 한없이 기다리고 자식과 아버지는 그 어머니를 한없이 그리워한다. 문자 그대로 뼈아픈 사모곡이 아닐 수 없다.

다음 시를 살펴보자.

창밖에 다가선 산
아침 운무 떠 있고
강물은 구름 아래 흐른다

손가락 담그면 쪽빛 들 것 같은 하늘
추녀 끝의 풍경 소리
거울같이 맑아라

꼭꼭 걸어 잠그고 범접을 허락지 않던
밤송이 입을 벌리고
겨울 봄 여름을 먹고 자란
가을이 씨앗을 토해낸다

하늘 오르던 잎새들은
오색 물감 풀어놓고
먼 길 떠날 채비 하느라
몸단장이 한창이다

가을이 바람 타고 들길을 가네

— 〈가을이 들길을 가네〉 전문

고향의 평화로움과 아름다움을 노래한 시다. 굳이 해설이 필요 없는 쉬운 작품이다. 일부 시단에서 시인 자신조차 알 수 없는 난해한, 시도 아닌 불가해 시들이 마치 새로운 실험 시인 양 버젓이 횡행하는 것은 시의 정체성이나 위의나 독자를 위해서도 결코 바람직한 일이 아니다.

'하늘 오르던 잎새들은/ 오색 물감 풀어놓고/ 먼 길 떠날 채비 하느라/ 몸단장이 한창이다// 가을이 바람 타고 들길을 가네'는 설득력 있는 좋은 표현이다.

당신이 입고 다니던 것과
당신의 손때 묻어 반짝이던 것들
놓고 간 자리엔
시간이 멈춰버렸습니다

느낄 수 없는 따뜻한 체온과
윤기 잃은 색깔들만 머물고
치울 수 없는 자리에
정돈된 추억들이 가득합니다

문 열고 들어설 때마다
불쑥 따라 들어오는 것 같아 뒤돌아보면
해맑은 얼굴로 웃고 선
당신 같은 햇살이 빛납니다

다시 밀려오는 그리움
어린아이같이 울고 싶어집니다

—〈빈자리〉 전문

이 시에서의 '빈자리'는 물론 어머니의 부재로 생긴 '빈자리'이다. '당신이 입고 다니던 것과/ 당신의 손때 묻어 반짝이던 것// 치울 수 없는 자리에/ 정돈된 추억들이 가득합니다'. 어머니의 몸과 손이 스쳐간 모든 것들에 대한 추억은 늘 끝없는 그리움의 파도로 넘쳐난다.

'문 열고 들어설 때마다/ 불쑥 따라 들어오는 것 같아 뒤돌아보면/ 해맑은 얼굴로 웃고 선/ 당신 같은 햇살이 빛납니다'. 이 연에서 '어머니'와 '햇살'의 긍정적, 희망적 동일성이 빛난다.

그러나 '다시 밀려오는 그리움' 속에서 시적 화자는 '어린 아이같이 울고 싶어'진다. 마지막 행이 그 진술 그대로 호소력을 발휘한다. 아마도 어머니에 대한 그리움의 끝은 그야말로 '어린애 같은 울음'일 것이다.

다음 시를 살펴보자.

1·4후퇴! 가
무엇인지 알 턱 없는
열네 살 소년이 피난 나와서

팔십 문턱을 넘도록 살면서 배운 것은
악!
"살기 힘들었다" 밖에 없다

—〈평생 배운 것〉 전문

'1 · 4후퇴! 가/ 무엇인지 알 턱 없는/ 열네 살'의 어린 나이로 '피난 나와서// 팔십 문턱을 넘도록 살면서 배운 것은/ 악!/ "살기 힘들었다" 밖에 없다'.

2연의 진술로 이루어진 이 짧은 시는 그 길이와는 무관하게 무한한 고통과 고독을 끌어안고 있다. 전쟁으로 인한 그 쓰라린 고통과 고독은 오직 그것을 온몸으로 체험한 자만이 알 수 있는 특별한 것이다.

2연 2행의 '악!' 그 외마디 비명소리가 '살기 힘들었'던 시적 화자의 고난에 찬 한평생을 극명하게 보여준다. 시는 이렇게 짧으면서도 긴 감동이나 신선한 충격을 주는 특별한 언어 예술이 아니던가.

윤만영 시인의 시는 아마도 어머니와 고향과 추억을 떠나서 존재할 수 없을 것이다. 그에 따른 뿌리 깊은 고독과도 헤어지기 힘들 것이다. 그러나 그것이 윤만영 시인의 시를 생동감 있게 살아 움직이게 하는 가장 큰 원동력이자 시적 생명이라고 말할 수 있을 것이다.

그 이런 고향 상실과 어머니와 고독에 대한 탐구가 머지않아 한 차원 더 높은 시의 세계로 승화될 것을 기대하는 것은 비단 필자만의 꿈이 아닐 것이다.

칠읍산 자락 신내천에서

| 제3집 평론 |

# 원목原木의 시를 대하며

구중서

(문학평론가)

윤만영 시인의 시들을 처음으로 대하고 전에 들은 한 일화가 생각났다. 나름으로 진지한 의욕을 지닌 한 청년이 산사를 찾았을 때 고승이 들려주는 말이다. "인품이 재목이긴 한데 아직 껍질이 안 벗겨지고 송진이 덜 빠졌다."는 것이다. 시로 말하자면 세련이 부족하다는 뜻이 될 수 있다. 그러나 다른 한편으로 생각하면 시가 제작의 공정 자체인 것도 아니지 않겠는가.

이 시인은 또 이미 젊은 나이도 지났고, 그렇기에 더욱 시골 고향과 지난 시절의 전설 같은 삶들을 그리워하고 있다. 오늘날 도시문화 속의 시들은 또한 어떠한가. 언어의 세련이라는 자홀自惚 속에서 감수성과 감각들이 말초화하고 있다. 근대

분석철학의 경향까지 가세해 인간성이 파편화하고 분별력을 잃는 난해성의 결과로 허무주의에 떨어지는 경향이 있다.

윤만영 시인의 시가 지니는 소박한 면모는 퇴영적 허무가 아니고 절박한 삶 자체이다. 또 자연 속 생명의 풍요와 건강을 지니고 있다. 더욱이 윤만영 시인은 인간의 한계가 다시 영원에 진입할 수도 있다는 희망에까지 이르고 있다.

이만한 마음 쓰기의 편력에서 우선 그가 시를 쓴다는 것은 어떤 것인가.

> 시를 짓고 있는 새벽녘
> 꿈 깨라 새벽닭 운다
>
> —〈내버려 두리라〉에서

그의 시혼詩魂의 초두初頭 같기도 한 이 표현에는 소탈과 겸허를 담은 직관이 있다. 이백이 「월하독작」에서 말했다. 혼자 앉아 술을 마시는데 하늘에 달이 떠오르니 나와 달과 달에 비친 내 그림자와 셋이 마시는구나. 취하여 얻는 즐거움을 노래하는 것이지만 외로움이 담겨 있다.

그러나 윤만영의 시 「내버려 두어라」의 마무리는 다음과 같다.

> 빚다 버려둔 시 따위야
> 바위가 되든 흙이 되든
> 내버려 두리라

술 한 잔 마늘 한 조각 먹고
잠들면 되는 것을

취기를 즐기는 데서 더 나아가 편하게 잠들어 쉬는 데까지 이르고 있다. 쉬는데 동굴 속 웅녀가 사람이 되기를 빌면서 쑥과 '마늘'을 먹었다는 옛 신화에 관계는 없지만 연상을 시키며 또 '바위가 되든 흙이 되든' 하며 자연의 차원에 자신을 던져서 쉬는 것이다.

자신을 이 본질적 질료質料에 연관지우는 발상은 시 「이력서」에서도 나온다.

이름은 모래
주소는 물가 상습 침수지역
나이 모름

산이었다가

바위였다가
돌이 되었다

그리고
세월이 날 낳으셨다

— 〈이력서〉 전문

이것이 시인의 이력서다. 시인 자신이 자연이 되어 있다. 그러면서 이웃에 사는 사람도 자연에 연결되어 잘 산다고 한다.

사랑방에서 자리 엮으시는 아버지
고드랫돌 넘기는 소리 달그닥 달그닥

안방에 둘러앉은 우리들
할머니의 옛날 얘기에 잠 달아나고
인두 꽂아놓고 바느질하시던 어머니 얼굴
—〈화롯가에 밤은 깊어가고〉에서

이것은 시인의 옛날 집에 대한 추억이다. 그러나 이것은 부질없는 한낱 감상이 아니고 오늘에 이어져 생동하는 내용이다. '삼발이 얹어 놓고 끓이던 된장찌개 향기/ 굴비 대가리와 가시도 불돌 위에 얹어 놓으면 맛난 아삭아삭한 과자'도 있다. 이것은 가난이 아닌 풍요이다. 정지용의 잘 다듬어진 언어의 시 「향수」에서보다 더 절실한 삶의 주체성이 이 시에 있다.

그리고 이 삶은 마시고 먹고 향내 맡는 소모만이 아니다. 인간의 삶과 더불어 있는 자연의 생명 재생 작업도 지나쳐 보지 않는다.

인간이 내다 버린 양심
오염된 대기를 씻어 내리는 빗물은
캄캄한 지하에서 흙으로 빨래를 한다

몸을 비틀어 암반을 뚫는 것은
더러운 인간의 때를 벗기고
여과하기 위해 겪어야 할 산고
자연으로 돌아갈 길을 닦는다

비로소
샘물이라는 이름으로 태어나
솟아오르는 물

인간들은
약수라 부른다

— 〈약수〉 전문

인간의 때를 흙으로 빨래질 하는 자연의 힘을 노래하는 이 시인을 누가 자연에 은둔한다 말할 수 있겠는가. 늙고 병약해 세상을 떠남을 다만 관조한다 말할 수 있겠는가.

윤만영 시인은 시골 오지에 갇혀서 사는 것만도 아니다. 그는 먼 데에 도시가 있고 민속박물관이 있는 것도 안다.

고갯마루 주막집이
도시로 이사 간 후부터
논두렁 밭고랑을 누비던 짚신은
민속박물관에 장식물이 된 지 오래고

바랑에 미투리 매달고 넘나들던
옛길도 간 데 없고
하늘길만 열렸다

— 〈짚신 생각〉 전문

풍속에서 사라진 물건이라 해도 그것이 영영 잊혀지는 것은 아니다. 한 켤레의 짚신이 도시의 민속박물관에 걸려 있다 해도 그것의 의미마저 사라지지는 않는다. 경상도 안동 도산서원의 이퇴계 선생은 전라도 관산(오늘의 광주)에 산 젊은 학자 기대승과 7년 간 철학을 대화하는 편지를 보내고 받았다. 기대승은 퇴계보다 20여 살 젊은 후진이었으나 퇴계는 자신과 동급의 학자로 대우했다. 그들이 주고받은 편지의 내용에는 사단칠정론四端七情論은 인간 존재의 근원이 무엇이며, 염치지심과 수오지심은 어떻게 지켜져야 한다는 것이었다.

그 옛날 조선에는 버스도 없고 우체부도 없었다. 다만 젊은 하인이 괴나리봇짐에 편지를 넣고 수백리 길을 걸어서 가고 와야 했다. 그 하인 청년이 신은 짚신은 중도에서 다 해어져 갈아 신고 걸어야 했다. 그 사림 철학을 전한 짚신의 문화사가 오늘 우리 민족의 품위를 드높여 평화의 역사 길을 세계에 열어 주고 있다.

그리고 그 짚신 길은 오늘 없어졌고 '하늘길만 열렸다' (「짚신 생각」)에서 윤만영 시인이 생각하고 있다. 시골과 도회의 길이라든가 어제의 짚신 길과 오늘의 승용차 길만 있는 것이 아니고 영원으로 통하는 '하늘길'이 있는 것도 시인은 안다.

식물에게는 생혼生魂이 있고 동물에게는 각혼覺魂이 있다. 인간에게는 각혼과 함께 영혼靈魂도 있다. 인간만이 영혼을 가지고 있다. 아리스토텔레스의 3혼설이다. 그리고 종교에서 육신을 떠나더라도 인간의 영혼은 영원에 진입할 수 있다고 한다.

윤만영 시인은 시 「세월 열차」에서 마지막 열차에 안내 방송은 없지만 입고 있는 옷 한 벌 이상 아무것도 가지고 갈 것이 없다고 말한다. 시인은 영원에 대한 희망을 지니고 있다.

성당에 주일 미사 다녀왔다
긴 세월 냉담하다 고해성사 보고
다시 시작한 믿음의 길

믿음에 대해 아무것도 아는 게 없다
분명한 것은
그분은
집 나간 자식이 돌아올 것을 믿고
끝까지 기다리고 계신다는 것뿐이다

— 〈내 이름은 알렉시오 II〉 전문

존재 근원과 영원에 대한 신뢰와 희망을 이 시인이 가지고 있어 이만한 시들을 쓰게 되었다고 보게 된다.

대체로 원목 같은 작품들이지만, 껍질이 벗기고 톱질과 대패질이 가해진 후 못이 박히고 끝내 사그라지는 시들이 범람하는 오늘에 윤만영 시인의 시들은 오히려 편하고 넉넉한 본질에 접하게 된다.

| 제4집 발문跋文 |

# 정직하고 질박한 윤만영 시인의 시를 보는 몇 가지 키워드

이삼헌

(시인)

## 해주평야를 넘어서는 열네 살 소년의 마음으로

해주평야 사방 30리
취야翠野 장터에서 기르마재 가는 길
들머리에 은행나무 세 그루 서 있다

……
……

수령은 알 수 없으나 몇 백 년은 족히 되었을
할머니, 할아버지 같은 나무
올 봄에도 싹은 트고

황금잎 책갈피에 넣어 주겠지

해주평야 들머리 지나면
안봉산 자락 기르마재가 내 고향…

— 〈들머리 은행나무〉 에서

'안봉산 자락 기르마재가 내 고향', 어깨춤이 절로 나올 것 같은 리드미컬하고(율동적이고) 질박한 표현이 가슴에 와 닿는다. 판소리도 이렇게 쏟아지는 가락이 아닐까. 윤만영 시인은 1951년 해주평야 들머리 지나 안봉산 자락 기르마재를 뒤로 하고 피난길에 올랐다. 그는 고향으로 돌아가지 못했다. 그곳은 '155마일 귀신도 얼씬 못하는' 금단의 땅이 되고 말았다. 그로부터 70년, 그는 용문산 자락에 제2의 고향 터전을 닦으며 시를 쓴다. 80을 넘었지만 고향을 등질 때 열네 살 소년의 마음으로 깨끗하고 질박한 시를 쓴다.

……
해주 용당포 황갯벌에서 잡아온
칙거이 갈거이 농거이 간장조림 반찬으로
맛나게 먹었지
장참 먹어도 물리지 않았지

지금은 용문산 서녘 설매재 아래 솔마을에서

낯선 사람 많은 곳에 살면서는

냄비에 애호박 썰어 넣고
칼국수나 수제비 끓여먹을 때
닭 둥지에서 계란 꺼내다 풀어 넣으면
정말 맛있었지
……

— 〈제2의 고향〉 에서

그의 시는 현대화에 오염되지 않았다. 우리 현대시의 일부가 새 경향을 지향한다고 암호 같은 문자를 나열하거나 기교에 지나치게 치장하는 것과는 달리 꾸밈이 없고 질박하다. 그러면서도 행간에는 절절한 이산(실향)의 아픔이 묻어난다. '칙거이 갈거이 농거이'란 단어의 의미를 정확히 몰라도 그의 시를 이해하는 데 지장이 없다. 그 단어 하나 하나에는 황해도 취야翠野 벌판 햇살과 황갯바람을 담고 있기 때문에 고스란히 우리에게 다가올 수 있는 것이다.

시는 어떻게 쓰냐고 물어온다면
시를 쓰면 된다고 답하리라
시詩를 쓰고 싶으면
시時를 쓰면 된다고
시詩가 될 때까지…

— 〈시詩를 쓰려고 시時를 쓴다〉 전문

시란 무엇인가. 누가 말한 것처럼 詩란 시 이하도 아니고 시 이상도 아니다. 시는 시다. 그런데 윤만영 시인에게 '시詩는 시時'다. 시는 시간이고 삶이라는 뜻이다. 그가 시 쓰기를 본격적으로 시작한 것은 70대 이후이지만 그는 평생을 시로 살아왔고 또 앞으로도 시로 살아갈 것이다. 고향에 두고 온 해주평야는 그에게 끊임없이 시를 생산시키고, '지금도 들리는데 우리 어머니/ 자식 이름 목 놓아 부르는 소리 들리는데…'(〈부르는 소리 들리는데〉에서), 저 소리가 들리는 한 이산의 아픔을 희망으로 승화시켜야 하는 숙명적 임무가 그에게 부여돼 있다. 그냥 주저앉아 절망할 수만은 없다. 그래서 '엎드리고 세운 노란 민들레 꽃대/ 봄을 밀어 올리고 있다'(〈봄이 오는 소리〉 에서), '해바라기는 밤새워 동쪽으로 간다/ 일출을 보기 위해'〈해바라기는 밤새워 동쪽으로 간다〉에서). 이 척박한 세상에서도 윤만영 시인은 일출을 보기 위해 밤새워 해 돋는 동쪽으로 간다.

## 사물을 정직하게 보며 일상 언어로 쓰는 시

그의 삶은 시며 시는 그의 삶이다. 윤만영 시인은 휴전 후 50년대 폐허의 서울에서 많은 시련을 겪었다. 학업에 전념할 어린 나이에 먹고 살기 위해 그리고 공부를 하지 않으면 안 된다는 절박함으로 명동이란 거친 벌판에서 거친 사람들과

맞서며 정직과 근면으로 여러 시련을 이겨냈다. 그 바탕에는 시를 쓰는 마음이 자리 잡고 있었기 때문에 가능했다. 70줄이 돼서야 시가 쏟아져 나왔을 뿐 이미 그는 '시詩는 시時를 쓰면 된다'는 것을 일찍이 알았다. 명동의 어두운 터널을 탈출, 한 기업인으로 성장하는데 버팀목이 된 것도 바로 시였다.

생활이 시가 되다 보니 그에게서는 보통의 생활 언어에서도 아름다운 가락이 쏟아져 나온다. 「끊으려면 참아야 한다(금연)」는 시에서는 '이제 영원한 이별을 고하며/ 갠지스 강가에 혼불을 피운다'고 노래한다. 절창이다. 누가 금연하기 위해 인간의 온갖 번뇌를 씻어내는 갠지스강에 혼불을 피울 생각을 했으랴. 사물을 대하는 정직함, 시를 위한 집중과 수련만이 이런 시를 낳을 수 있는 것이다. 이런 '집중과 수련'은 그의 시 전편을 흐르고 있다.

'구부러진 등을 타고/ 바람과 함께 넘어간 발자국은/ 되돌아오지 않으셨습니다/ 재 너머 양지바른 곳에/ 할미꽃이 되어 계십니다' (《밥상머리》에서), 온 가족이 모여 앉는 밥상머리를 정감 있게 그리며, 어머니를 밥상머리로 불러 모신다. 절제된 언어들의 백미다. 사물을 정직하게 보면, 어머니 등을 타고 바람과 함께 넘어가는 발자국을 볼 수 있고 어머니를 할미꽃으로 환생시킬 수도 있다. 조물주가 시인에게 이런 능력을 준 것은 축복이다. 이런 시 쓰기가 윤만영 시인의 특징이다. 시 쓰기의 혹독한 훈련을 거친 때문일 것이다, 윤만영 시인의 시는 시 너머의 여백에서 울려온다.

시는 우리의 희로애락喜怒哀樂을 문자로 표현한 것이다. 아무리 시의 담론을 극대화 시켜도 시의 범주는 이 안에 든다. 그래서 보통의 일상 언어로 진솔하게 엮어내는 그의 시는 정감 있고 아름답다.

## 시의 날개 위에 앉는 일상의 메시지들

시인은 시를 통해서 말한다. 시로 하는 말은 때론 교과서보다 더 엄격한 계율을 지향하기도 하고 한 줄의 시가 한 권의 정치나 도덕 지침서를 넘어 더 크게 세상을 변화시키기도 한다. 시를 쓰는 이유도 이 때문이다. 이런 지혜들은 인위적으로 이루어지는 것이 아니고 시인의 치열한 구도자적 자기 수련에 의해서만 가능한 것이다. 다음 시에서 나무가 뿌리를 내려 숲을 이루는 지혜를 늦게 깨달았다는 것은 우리의 살아가는 자세도 이러한 것이라고 넌지시 보내는 메시지이다.

그때
열네 살 소년이었어요
여기가 아닌 고향이란 곳에 있었어요

산에 자라는 나무도 아닌데
멀쩡히 걸어 다니는 사람인데

내가 길을 잃었나요?
……
여든 살이 넘었는데 모르겠어요

……

지금도 들리는데 우리 어머니
자식 이름 목 놓아 부르는 소리 들리는데…

— 〈부르는 소리 들리는데〉 에서

이 자리에
나무를 심는다
나도 모르고
너도 모르는 날이 오면
그 자리에 내가
뿌려지리라

— 〈식목〉 전문

사각 밥상에 마주하면
날카로운 모서리에
작은 상처가 덧나고
침묵의 시간은
무딘 날을 세우고

정을 갉아먹는 보이지 않는 선이
화해의 틈을 주지 않는다

두레반으로 바꿔야겠다

— 〈밥상〉 전문

살아가면서 터득하는 일상의 깨달음을 어떻게 시로 체화시키느냐도 좋은 시의 요소가 된다. 일상의 깨달음이 시의 날개 위에 앉을 때 좋은 시가 되고 우리네의 좌우명이 되기도 한다. 후회·자각·넉넉한 여유로움·촌철살인의 지혜·화해·용서 등을 시로 녹여내야 비로소 시가 된다. 윤만영 시인의 특장이다.

## '물동이'와 '상여가 울며 간다'

윤만영 시인의 시는 어디까지 왔나. 정직하게 사물을 보는 그의 시 물동이를 보자.

우물 속에도 하늘이 있다
얼굴을 디밀면
옷고름에 꽃 수놓아 가슴에 매어놓고
호수 같은 눈웃음 짓던 누나 모습
지금은 할매 되어 환하게 반긴다

물동이는 그림책에서나 보는데
그 속에서 울려오는 메아리
고향 친구들의 목소리를 듣는다
고향이 보인다

우물 속에 물동이가 있다
물동이 속엔 어머니가 계신다

— 〈물동이〉 전문

사물을 정직하게 볼 줄 알면 물동이 안에서 할매가 된 누나가 보이고, 메아리는 물론 고향 친구들의 목소리도 들을 수 있다. 그리고 어머니도 보인다. 물동이 안에서 메아리 소리를 들을 수 있으면 선仙의 경지에 이른 것이다. 이를 위해서 윤만영 시인은 시를 써 왔고 앞으로도 더 많이 쓸 것이다.

얼굴 없는 나무들
토막 난 몸뚱이에 나이테만 남기고
쓰러진 나무는 죽었다

꽃은 지고 나비 떠난 어둠 속
바람도 떠나고 돌아오지 않는다
하늘 나는 새도 길을 잃었다

메마른 계곡의 속살을 밟고
상여가 울며 간다

흙덩이를 담은 상자를 메고 간다

지구라는 별의 표피를 벗기는 자者
출렁이는 호수의 둑방을 무너뜨리는 자여!

먼지를 뒤집어쓰고
울며 가는 상여를 보라!

— 〈상여가 울며 간다〉 전문

나무도 죽고 꽃도 지고 나비도 떠난 어둠 속, 바람도 떠나 돌아오지 않고 하늘 나는 새도 길을 잃은 메마른 계곡에서 윤 시인은 먼지를 뒤집어쓰고 울며 가는 상여를 본다. '그리고 먼지를 뒤집어쓰고 울며 가는 상여를 보라'고 절규한다. 상여가 섬뜩하게 다가오지 않고 큰 울림으로 다가오는 것은 메마른 계곡에서 처절한 고독을 만끽하며 한편으론 현재 우리가 안고 있는 현대문명의 위기를 상징하고 있기 때문이다.

## 참 나를 찾고 떠나는 새로운 세계

윤만영 시인은 이번으로 네 번째 시집을 내보낸다. 칠십 넘어 시작한 늦깎이 시인이 이만큼의 수확을 거둔은 경하할 일이다.

4부로 구성된 87편은 모두가 한 편도 소홀히 할 수 없는 편편들이다. 이산의 아픔과 실향에 대한 간절한 소망, 그리고 해주평야를 달리는 열네 살의 윤만영 시인은 80세가 넘어도 꿈 많은 소년 그대로다. 그래서 고향의 노래는 우리들의 육자배기 가락처럼 친숙하게 들려오고 제2의 고향으로 터전을 마련한 취벽헌醉碧軒에서 엮어내는 시들은 때로는 통일을 갈망하는 큰 교훈이 되고, 소소한 일상 속에서도 사물을 정직하게 관찰하며 열어 낸 촌철살인의 지혜들을 시의 날개 위에 올려놓는다.

그리고 80년 만에 윤 시인은 '참 나'를 찾았다. 이제 앨버트로스의 날개를 달고 그만의 세계를 날며 더 좋은 시를 마음껏 쓰기 바란다.

제복을 벗고
계급장 떼고 보니 내 몸에도 날개가 있었다
……
……
나그네도 아니요 떠돌이도 아닌
앨버트로스의 날개를 달고
나만의 세계로 떠나보자

내 안에 빗장을 뜯어 버리고

— 〈나를 찾았다〉 에서

계간문예시인선 177

윤만영 시선집 _ 나를 찾았다

초판 인쇄 2022년 11월 10일
초판 발행 2022년 11월 15일

지 은 이 윤만영
회 장 서정환
발 행 인 정종명
편집주간 차윤옥
펴 낸 곳 도서출판 계간문예
주 소 03132 서울 종로구 삼일대로 30길 21 종로오피스텔 1209호
전 화 (02) 3675-5633 팩스 (02) 766-4052
이 메 일 munin5633@naver.com
홈페이지 http://cafe.daum.net/quarterly2015
등 록 2005년 3월 9일 제300-2005-34호
연 락 처 03132 서울 종로구 삼일대로 32길 36 운현신화타워 305호
인 쇄 54991 전북 전주시 완산구 공북1길 16, 신아출판사
ISBN 978-89-6554-261-2 04810
ISBN 978-89-6554-118-9 (세트)

값 12,000원